当代高职教育与国际化发展路径研究

孙 霞 著

北京工业大学出版社

图书在版编目（CIP）数据

当代高职教育与国际化发展路径研究 / 孙霞著. —
北京 ：北京工业大学出版社，2021.2
ISBN 978-7-5639-7850-2

Ⅰ.①当… Ⅱ.①孙… Ⅲ.①高等职业教育—国际化—研究—中国 Ⅳ.①G718.5

中国版本图书馆 CIP 数据核字（2021）第 034144 号

当代高职教育与国际化发展路径研究

DANGDAI GAOZHI JIAOYU YU GUOJIHUA FAZHAN LUJING YANJIU

著　　者：孙　霞
责任编辑：吴秋明
封面设计：知更壹点
出版发行：北京工业大学出版社
（北京市朝阳区平乐园 100 号　邮编：100124）
010-67391722（传真）　bgdcbs@sina.com
经销单位：全国各地新华书店
承印单位：天津和萱印刷有限公司
开　　本：710 毫米 ×1000 毫米　1/16
印　　张：9.75
字　　数：195 千字
版　　次：2021 年 2 月第 1 版
印　　次：2022 年 5 月第 1 次印刷
标准书号：ISBN 978-7-5639-7850-2
定　　价：68.00 元

前　言

在经济全球化的发展背景下，我国“一带一路”建设正在稳步地进行，中国企业实行了“走出去”发展战略，逐渐朝着良好的方向发展。但职业教育在培训和规模上还不能满足产业发展的要求，教育体系仍有待完善。当前的形势对我国高职教育国际化水平提出了比较高的要求。当前我国高职教育国际化的整体水平不高，虽然一些高职院校采用了多种教学形式，但是依旧不能满足实际需要。因此，想要促进高职教育国际化的发展，就应该立足当前现状，为高职教育的国际化发展提供充足的准备和支撑。

全书共七章。第一章为绪论，主要内容为高职教育的规律、高职教育理念的思辨、高职教育国际化的概念与探索；第二章为高职教育发展的历史与现状，主要内容为我国高职教育的历史回顾、我国高职教育发展的现状；第三章为当代高职教育教学方法的选择，主要内容为高职教育教学方法的概念及应用现状、高职教育的教学方法选择；第四章为当代高职教育教学模式的重构，主要内容为高职教育教学模式的内涵重构、国外高职教育的先进模式集萃、高职教学模式与当代教育技术的结合；第五章为当代高职新型教学文化的构建，主要内容为高职教育教学文化的特征、高职教育教学文化的结构、高职教育新型教学文化的构建；第六章为当代高职开放式教育教学探讨，主要内容为高职推行开放式教学的适切性、开放式教学模式的构建、产学研合作教学；第七章为当代高职教育国际化发展路径，主要内容为西方国家高职教育的特点、高职教育国际化发展动力与质量保障、高职教育国际化发展路径的经验借鉴、高职教育国际化发展的实现路径探索。

为了确保研究内容的丰富性和多样性，作者在写作过程中参考了大量理论与研究文献，在此向涉及的专家学者们表示衷心的感谢。

最后，限于作者水平，加之时间仓促，本书难免存在一些疏漏之处，在此，恳请读者朋友批评指正！

目　录

第一章 绪 论

高职院校作为肩负教育学生、培养人才职能的、重要机构，应当积极推进高职院校人才培养工作，切实将高职院校教育学生、培养人才的本职工作借助合理的教育规律来实现。本章分为高职教育的规律、高职教育理念的思辨、高职教育国际化的概念与探索三部分。主要内容包括高职教育规律的概念解析、高职教育国际化相关概念等方面。

第一节 高职教育的规律

一、高职教育规律的概念解析

（一）高职教育规律的概念

高职教育规律是社会规律的具体表现，它是社会规律在高等职业教育活动过程中的客观反映，揭示了高等职业教育活动过程中固有的、本质的、必然的联系。这些联系具有多样性、客观性、必然性，贯穿于整个过程之中，起到决定或支配高职教育活动、进程、状态的作用。

（二）高职教育规律是可以掌握的

规律是客观的，既不能被创造，也不能被消灭。不管人们承认不承认，规律总是以其内在的必然性发挥着作用。但是，人们在客观规律面前并不是完全消极被动的。人们在高职教育的实践过程中，通过观察大量的外部现象，进而认识或发现其内在的必然联系，运用这种新认识来指导实践，即应用客观规律的要求来推动高职教育科学地发展。

二、高职教育的基本规律

高职教育是高等教育的一个类型，有其独特的基本规律。

（一）专业设置

专业设置是高等职业教育为产业、行业、职业服务的结合点，高职院校应围绕产业、行业、职业需求设置专业。以畜牧兽医类高等职业院校的专业为例，该专业应包含养（畜禽、宠物、经济动物）、繁（繁育、胚胎工程）、治（疾病治疗）、销（经营、销售）等专业群。专业服务面以宽为主、以窄为辅、以目前需要的专业为主，同时兼顾产业、行业、职业结构调整，改造原有专业，增设新专业和前瞻性专业，不断优化专业结构，实现专业与产业、行业、职业的和谐适应性对接。

（二）培养方式

高职教育人才培养方式主要是融入企业，工学交替、产学结合。在校内学习基础理论、基本技能，到企业充分利用环境资源条件实习实践，校企之间深度合作，培养学生的综合素质。

（三）课程设计

课程体系及内容设计是高职教育为产业、行业、职业服务的聚焦点。围绕产业、行业、职业需要的知识技能和能力素质，并参照国家规定的职业资格标准，校企双方共同设计课程体系、选择教学内容。既要考虑课程内容之间的衔接性、系统性，更要考虑产业、企业、职业所需要的知识、技能的应用性，着力培养学生的职业理想、职业精神、职业道德、职业能力及自我调节能力。

（四）师资团队

学校教师应树立职业教育观、知识技能应用观、人人成才观，掌握专业理论和实践技能，努力成为“双师型”教师，体现师承效应。企业技术人员应了解职业教育教学的特色和基本做法，指导学生实习实践；学校教师与企业技术人员共同组成师资团队，全面合作育人，指导学生成才。

（五）基地建设

学校自建或与企业合作建设校内实习实训基地。该基地设备先进，数量充足，在满足校内教学需要的同时，面向社会、企业做示范性服务。另外，学校与企业合作共建用于教学、生产、科研的校外基地。

高职教育应以科学定位为先导，根据产业、企业、职业的需求和学校自身条件设置专业，构建培养方式和课程体系，培养创业型人才。

三、高职教育的人才成长规律

高职教育必须坚持以人为本，遵循人才成长规律，引导人人成才。关于人才成长规律的论述较多。有的学者认为人才成长有师承效应规律、扬长避短规律、最佳年龄规律、马太效应规律、期望效应规律、共生效应规律、累积效应规律、综合效应规律。也有的学者认为人才成长是德、智、体、美、劳等全面的成长。人才成长是一个复杂的过程，可以相对地划分成几个递进时段：才能萌发期—才能增长期—才能成熟期—才能创新期。才能萌发期处在和青年的初期阶段，他们有职业理想，但模糊、不坚定、可变性大。才能增长期，即青年的中期阶段，此时他们有清晰的职业理想、定位、目标，但仍具有一定的可变性。才能成熟期，即青壮年时期，他们具有坚定的职业理想、定位、目标。才能创新期，即青年的末期阶段，年龄为25 ~ 45岁，峰值37岁。此阶段他们不断挑战自我超越自我、成绩显著。各阶段既有相对的阶段性，又有连续性。因此人才成长是艰苦奋斗的过程，是受多种因素影响的过程。

高职学生处于才能萌发期与才能增长期，或处于从前者向后者过渡的时期，此阶段是职业生涯的起步期、关键期。高职教育应针对高职学生处于过渡期的特点引导学生树立正确的人生价值观、多元化的职业观，培养学生的创业意识、创业精神、创业能力和自我调节能力。全员参加——学校各级领导、各级各类人员和企业人员同心协力参与人才培养。全力支持——建立成才服务体系、利用信息网络提供成才平台，为学生成长、成才及提高创新能力打下良好基础。

第二节 高职教育理念的思辨

一、先进办学理念的重要性

人们的行为不是盲目的，而往往是由理念指引的，理念是对过去的经验的总结，又是将来的行动纲领，对内部具有统一认识的作用，对外部具有昭示和宣传功能。正因为这样，大到治国，小到处理一件事情，事实上都有理念，没有理念相当于没有指导思想，工作往往具有盲目性，各个部门、各个环节也不容易统一和协同。只有形成共同的理念才会使行动更加有序和高效。

高职教育既具高教性，又具职教性，是高教性和职教性的统一体。经过三十多年的探索和实践，我们基本可以形成的共识是：以服务为宗旨、以就业为导向、走产学研相结合的道路，为社会主义建设培养下得去、用得上、留得住的高素质技术人才是高职教育的先进办学理念。这一基本理念，事关我国的人才培养大业，各个学校都应秉承。

二、遵循高职办学规律理念

（一）以立德树人为根本

高等教育有五大使命，即人才培养、科学研究、社会服务、文化传承创新、国际交流合作，但人才培养是第一位的。高职教育必须以人才培养这个核心为根本，切实把工作重心放到人才培养上。在人才培养工作中，要坚持立德树人、德才兼备、德育为先。首先要重视和培养学生的德，强调做事先做人。同时，抓好知识传授、能力培养和素质提升，努力培养和造就中国特色社会主义合格建设者和可靠接班人。

（二）以专业建设为龙头

高职教育，无论是学生的分类还是教师的分类都强调专业，学校教学组织的划分、教学资源的分配等都以专业为单元，两级教学组织的建设一般以专业群为单位落实。专业结构决定学校办学结构和办学特色，也决定学校的面貌和服务领域，因而也是学校特色之所在。正因为这样，要遵循办学规律，就必须以专业建设为龙头，在专业建设中要切实按照“六业贯通”（优化专业、面向职业、注重学业、瞄准就业、鼓励创业、成就事业）的理念落实工作。

第三节　高职教育国际化的概念与探索

一、高职教育国际化相关概念

（一）概念界定

1. 高等职业教育（高职教育）

《中国教育百科全书》将高等职业教育定义为：“属高等教育范畴。”将其培养目标定性为：“着重于学生实际技能的培养，以为国民经济各部门输送高级应用型人才和高级技术工人为培养目的。”

从总体上来说，高等职业教育主要涉及专科、本科和研究生层次的教育。另外，高等职业教育与普通高等教育一样，可分为学历教育和非学历教育，在这里限定为学历高等专科教育。

2. 教育国际化

教育国际化是全球化的重要表现，也是其推动力量。对于教育国际化的概念，国内外学者都强调教育国际化的过程性、国际性、目的性或功能性。

总体来说，国际化是我国高职学校和专业适应经济全球化、教育国际发展形势的现实需求，根本目的是为我国经济、社会发展培养国际化技术技能人才，提升国际竞争力。

（二）相关政策

明晰高职教育国际化政策的历史脉络及其逻辑，是确定当前职业教育国际化发展战略与创新路径的基础。改革开放以来，我国对高等学校境外办学由行政审批转向政策指导，高等学校境外办学不断面临新的挑战。

通过梳理分析我国改革开放以来有关政策文本，可以发现高职教育国际化探索大体经历了起步、推进、提速和转型四个阶段。

①高职教育国际化起步期（1978—1992 年）。1978 年，党的十一届三中全会召开，改革开放拉开序幕，为高职教育国际化探索的起步奠定了基础。十三年之后，国务院发布了《国务院关于大力发展职业技术教育的决定》，在大力发展职业技术教育的政策举措中提出加强与世界各国和地区及有关国际组织的交流与合作。概言之，自 1978 年到 1992 年，我国高职教育国际化探索处于起步阶段，重点为学习引进国外职教先进理念和经验。

②高职教育国际化推进期（1992—2002 年）。1992 年邓小平同志南行以后，国家进一步坚定对外开放的发展方向。在此背景下，党和国家对高职教育国际化工作做出实质性规定和积极推动。三年后颁布的《中华人民共和国教育法》鼓励境外力量到中国办学和合作办学。1996 年颁布的《中华人民共和国职业教育法》，除对职业教育开放办学予以规定外，还提出“鼓励境外的组织和个人对职业教育提供资助和捐赠”。在其后颁布的配套政策法规文件中，职业教育国际化的形式、途径及内容得到了拓展。1998 年，多部委联合印发的《关于实施〈职业教育法〉加快发展职业教育的若干意见》，在高等职业教育教材建设工作中就专门提出“加强引进国外职教优秀教材”。这一时期出台的与职业教育相关的一系列政策法规奠定了高职教育国际化发展的基础，其政策框架逐步搭建成形。

③高职教育国际化提速期（2002—2012 年）。为适应我国 2001 年加入世界贸易组织后的新形势，这一时期的高职教育国际化发展进入提速期。表 1-3-1 为 2002—2012 年我国职业教育国家化相关政策。

表 1-3-1 2002—2012 年我国职业教育国际化相关政策

颁布年份	颁发部门	文件名称	文件内容
2002 年	国务院	《国务院关于大力推进职业教育改革与发展的决定》	积极引进国（境）外优质职业教育资源
2003 年	国务院	《中华人民共和国中外合作办学条例》	鼓励在高等教育、职业教育领域开展中外合作办学
2005 年	国务院	《国务院关于大力发展职业教育的决定》	在优质资源引进、中外合作办学等方面扩大对外开放
2010 年	党中央、国务院	《国家中长期教育改革和发展规划纲要（2010—2020 年）》	在优质教育资源引进、政府间学历学位互认、海外办学、公派出国留学等方面进行了规划布局，并提出了具体的实施计划

这一时期，我国教育对外开放进一步扩大，高职教育国际化实践推进路径逐渐明晰。

④高职教育国际化转型期（2012 年至今）。党的十九大以来，我国高职教育国际化逐步迈向以转型升级、提质增效为主要特征的新阶段。表 1-3-2 为 2021 年至今我国职业教育国际化相关政策。

表 1-3-2 2012 年至今我国职业教育国际化相关政策

颁布年份	颁发部门	文件名称	文件内容
2013 年	教育部	《关于 2013 年深化教育领域综合改革的意见》	扩大教育对外开放主要途径为“五个一”，职业教育国际化工作逐渐向机制化、项目化、高质量方向发展
2014 年	国务院	《国务院关于加快发展现代职业教育的决定》	将职业教育国际化融入办学模式当中
2015 年	教育部	《教育部关于深入推进职业教育集团化办学的意见》	要求职业教育服务于国家的“一带一路”倡议
2017 年	中央办公厅	《关于深化产教融合的若干意见》	开发符合国情、对外开放的校企合作培养人才新模式
2019 年	国务院	《中国教育现代化 2035》	推动我国同其他国家实现学历学位互认，标准互通、经验互鉴
2019 年	中国高等教育学会	《高等学校境外办学指南（试行）（2019 年版）》	教育部从多方面对高等学校境外办学提供实操层面的技术指导
2020 年	中国教育国际交流协会	《职教分会 2020 年度国际化发展报告》	全方位展示职教分会成员单位国际化发展基本情况和办学成果，对发展中存在的问题和面临的挑战进行分析，并提出可行性建议

这一时期，我国高职教育国际化在内涵、方式、途径上都植根于高职教育体系建设和国家发展战略，积极主动服务于党和国家工作大局，无论是“引进来”还是“走出去”，高职教育国际化从“你来我往”的学习模仿、单向借鉴和引进吸收迈向以标准对接为导向、以合作交流为基础、以互利共享和交流互鉴为宗旨的质的深化。

二、高职教育国际化面临的内部挑战和外部挑战

笔者根据北京工业职业技术学院近四年的实践探索，以及与有关学者的交流，总结了高职教育国际化面临的内部挑战和外部挑战如下。

（一）内部挑战

1. 政策框架下的顶层设计急需加强

尽管“赞比亚试点项目”在实践过程中，已取得了一定的成绩，但仍然缺乏相应的政策支持与统筹协调。“赞比亚试点项目”作为开创性的职业教育海外办学的探索模式，不仅承担着带动国内其他职业院校走出国门的重担，同时还涉及职业教育标准输出、校企合作等多方面的内容。政策方面，除教育部制定政策之外，还需要商务部、外交部、各省市教育主管部门等都参与进来。中赞职业技术学院院长表示：“尽管‘赞比亚试点项目’是由教育部批复的第一个试点项目，8 所试点院校积极参与，但由于各省市的政策不同，每个院校的参与力度不一。比如在教师的派遣问题上，有的学校因省外事局出国指标已用完，出现了派遣难的问题。”

2. 经费问题制约长远发展

目前，政府尚未建立财政支持体系，“赞比亚试点项目”的资金和设备资源主要依靠企业和试点院校提供，同时还有部分社会力量的设备捐赠，保证试点项目所需的场地、设备、师资等。根据现有政策，教育部及各省市教育主管部门没有专项经费用于在海外建立教育机构，而商务部的援外资金虽然可以用于支持教育项目，但是只提供基础建设资金，没有运营经费，无法为后续的招生、教学等提供支持。

3. 国际化战略不清且资源消耗严重

纵览 2019 年 1344 所高职院校质量年度报告中的“国际影响力表”，分析其上报的“国际合作”内容可以发现，我国高职院校的国际化战略各有不同。“国际影响力 50 强”高职院校多凭借其雄厚的师资和国家级骨干示范院校所能获

取的政治科研资源，以直接与“一带一路”沿线国家、教育组织或地方院校合作办学为抓手，输出教学标准、课程标准、技术标准，互派留学生，大幅提升其“国际影响力表”中的各项评分。50强以外，多数省级骨干示范院校将着力点放在借助“一带一路”倡议走出去的企业，主要通过加强与企业的合作，打造双师培养平台，调配科研资源，调整学校专业，配合省内企业走出去，进而实现国际化。相比50强高职院校，这些学校虽然基础资源稍差，但资源调配合理，因此在国际化方面也取得了一些成果。然而以上两大类高职院校只占少数，大多数学校实力有限，资源稀缺，面对“一带一路”倡议提出的大好时机，无法做到准确定位，更没办法制定出清晰的国际化战略。从高职院校质量年度报告中可以看出，众多高职院校定位不准，国际化战略不清，为在“国际影响力表”中获得较高评分，盲目提出培养具有国际化水平的“双师型”教师等高大上目标，将自身有限的资源用于超短期的交换生和访学项目，摊薄了自身本就薄弱的资源，致使后续累积效果较差，陷入低效的“消耗”作战境地。

4. 国际化协作不够

2016年，中共中央办公厅、国务院办公厅印发的《关于做好新时期教育对外开放工作的若干意见》提出，要促进教育领域合作共赢，“到2020年，……双边多边教育合作广度和深度有效拓展”。2019年，我国高职教育国际化水平显著提升，但与此同时，众多高职院校在国际化发展方面各自为战，相互间协力互助不足，双边多边教育合作不够，生存扩展力差。在校企合作方面，很多高职院校都通过携手企业走出去实现国际化，但真正能够协力互助的仍属少数，除骨干、示范、优质高职院校科研教学实力强劲、基础资源丰厚，能够在借助跨国企业力量的同时为企业提供人才和科研支撑，双方处于平等互助的地位之外，多数院校单纯借助企业通道，派遣数量不多的实习生到境外实习，在合作中多扮演“拖油瓶”的角色。高职院校区域性、行业性校际联盟与教育涉外行业组织开展协作的更是寥寥无几。在师生互学互访方面，众多高职院校不论是留学人数还是在境外团体或国际机构中担任专职或兼职工作的人数等都较上一年获得了较大增长。从各高职院校提交的质量年度报告来看，高职院校师生遍布“一带一路”沿线诸多国家，但略做分析就可发现，有些高职院校频繁更改交流目的国，遍地撒网，“四处出击”签协议，甚至出现既不在同一政治地理区域也不在同一文化圈交流的现象；有些高职院校一味追求“国际影响力表”中评分的增长，为国际化而“走出去”，未对合作目标区域和国家进行深入研究，就进行互访互学。总之，高职院校与国际组织、“一带一路”沿线国家、友好学校之间缺乏深度合作，未形成双边多边教育合作机制。

5. 各区域的高职教育国际影响力相差悬殊

为科学评估各区域参与“一带一路”建设的进展与成效，国家信息中心“一带一路”大数据中心在《“一带一路”大数据报告（2018）》中将我国境内31个省、市、自治区划分为东部、东北部、中部、西部四个区域，并测评了四大区域与“一带一路”沿线国家的贸易合作和教育合作情况。测评结果显示，东部地区与“一带一路”沿线国家的贸易合作水平最好，西部地区相对较弱；各区域教育合作水平差距显著，其中东北部和东部地区表现突出，合作办学数量较多，而西部地区明显较弱。各区域贸易合作和教育合作水平影响着本区域高职院校的国际化水平。通过对“国际影响力50强”高职院校进行统计分析发现，从区域看，东部地区遥遥领先，东北部地区与中部地区水平相当，并未有效利用其与“一带一路”沿线国家开展经贸合作的优势，西部地区高职院校的国际影响力反而位居第二。整体来看，我国各区域的高职教育国际影响力差异很大。进一步从省域分布情况来看，不论在占比上还是在绝对数量上，东部地区的江苏、浙江、山东都表现突出，分列前三，这与三省位于我国东部沿海地区，具有明显的地理优势和扎实的开放型经济不无关系。江苏省作为领头雁，有19所高职院校跻身2019年“国际影响力50强”，而很多省份却榜上无名。由此可见，我国各区域高职教育的国际影响力相差悬殊，高职教育国际化水平非常不均衡。

6. 职教国际化品牌缺乏

为满足“一带一路”沿线国家产业对技能人才的需求，2016年在教育部的指导下，天津渤海职业技术学院在泰国建立了我国首个以中国工匠代表“鲁班”命名的“鲁班工坊”。“鲁班工坊”已在海外建立了成熟的职业教育输出体系，将中国职业标准带到了世界各地，是中国职业教育国际交流合作的新名片。显然，“鲁班工坊”已成为高职教育领域的孔子学院，亦是我国高等教育领域输出的又一张国家名片。然而，在“鲁班工坊”国家级品牌建立的背后是一出国家品牌的“独角戏”，省、市、院品牌缺乏。随着我国高职院校与“一带一路”沿线国家的合作不断深入，不可能所有院校都集中于“鲁班工坊”这一个平台。2016年，湖南省启动了《湖南高等职业教育创新发展行动计划（2016－2018年）实施方案》，提出培养高职院校的“芙蓉学者”，孕育“芙蓉工匠”，促进“芙蓉工匠”走出去。“芙蓉工匠”是省一级品牌打造的典型代表。广西经贸职业技术学院协同广西企业家团队与缅甸工商联、缅甸纺织协会合作，构建“职业

院校 + 政府 + 行会 + 跨国企业”四方联动机制，打造“衣路工坊”项目，是学院层面品牌打造的典型代表。然而，从全国范围来看，职教国际化品牌仍寥寥无几，现有的几家也处于“提法”层次。

（二）外部挑战

1. 文化差异挑战

受民族、宗教、文化差异的影响，各国的劳动观念有所不同。勤劳是中华民族的传统美德，中国的高速发展离不开中国人民积极的劳动观念，然而，国外许多国家人民的劳动观念与我国存在很大差异，影响了国外学员的学习积极性，也为中国教师的教学工作带来了一定的挑战。

2. 气候、健康挑战

目前，我国职业教育“走出去”的探索主要集中在“一带一路”沿线国家，而其中不乏不发达国家，各国气候不同，卫生、健康水平不一，健康问题成了国内教师“走出去”最担心的问题之一，制约了师资队伍的长效建设与长远发展。以赴赞（赞比亚）教师为例，出国之前尽管注射了多种疫苗，但是在赞期间最担心的还是被蚊虫叮咬，期间也有教师发热的情况，给教师们带来了极大的心理压力。

三、高职教育国际化探索取得的经验与成效

（一）取得的经验

通过实践摸索，高职院校已经初步总结出了可供借鉴与复制的国际化办学经验，为中国职业教育“走出去”打下了基础。

1. 政府推进政策完善

政策是校企海外协作办学顺利进行的有力保障。自“一带一路”倡议提出以来，政府颁布了一系列政策，确保校企协同海外跨境开办职业教育，促使企业和院校的关系更上一层楼。值得我们注意的是，跨境开办职业教育并不是单向的输出与援助，而是构建在本土化需求和本土化政策的基础上的优化与双赢。比如，在“赞比亚试点项目”中，人才培训制度完全采纳了赞比亚职业教育与培训管理局体系中的人才培养实施方案，而中方只是作为教育资源输出方为他们开展技能或职业培训。

2. 企业推动市场运作

企业是激发市场活力的重要主体。校企海外共建应打造“共生圈”。企业拥有丰富的“走出去”的经验，甚至在当地形成了规模化的集群式或产业链式发展，而职业院校要基于企业的人才需求标准，设置与企业或产业相适应的专业标准和人才培养标准，只有校企“共生”，才能实现双方甚至是多方“共赢”。

3. 院校推进办学内涵建设

职业院校是培养海外企业所需的技术人才的主力军，在校企协同“走出去”中发挥着重要的作用。职业院校作为职业技能人才培养任务的主要承担者，主导着海外办学的内涵建设与教学实践，诸如专业建设、师资培养、教学计划与教学标准的制订、教学管理与评价、教学设备维护等工作。“赞比亚试点项目”组制定了《师资培训班管理制度》《师资培训班突发事件专项预案》《师资培训班培训方案》《师资培训班英语培训实施方案》等文件，从管理、安全、培训、学习等方面保障师资质量；在文化建设上，开展一些学习竞赛和文体活动；在组织管理上，设立了临时党支部；并构建了系统的培训考核办法。有色金属集团携手国内 8 所职业教育院校参与海外办学，各个职业院校依据自身的特色优势通力合作，共商共建，有力提升了我国海外办学的质量。

4. 行业协会积极引导服务

“赞比亚试点项目”作为首个校企协同海外办学的案例，缺少经验借鉴，为此，必须发挥好行业组织的引导服务作用。该项目中，有色金属工业协会等组织积极开展工作，形成了多主体“联合汇报，定向沟通”的工作机制，保证了各方主体沟通的时效性。

（二）取得的成效

1. 促进了产教深度融合

产教融合、校企合作不仅是“双高计划”建设的基本原则，也是职业教育的本质特征和核心要素，强调畅通学校与政府、行业、企业间的交流渠道。

北京工业职业技术学院的国际化实践探索，充分拓展产教融合的深度，与企业协同“走出去”。学校方面利用企业在东道国的资源优势和实践经验，减少了场地、资金、设备、人力资源、招生等方面的投入。而企业不仅有效提升了员工的技术技能水平，拓展了员工培训的途径，同时也获得了学校方面的技术支持，更提升了自身在东道国的整体形象，实现了可持续发展。院校应从实体化运作、产学研创一体化等方面探索产教融合的新路径、新方法，健全校企协同育人长效机制，通过专业群建设实现要素的全方位融合，铸就校企命运共同体，形成产教深度融合的中国范式。

2. 拓宽了师生的国际视野

伴随着全球化的发展和国际产能合作的不断加深，越来越多的工作岗位对职业教育提出了新的要求——提升学生的国际视野，培养既懂专业知识和熟练掌握实践技能，又懂国际专业标准和法律法规，既能熟练掌握外语，又对世界多元政治、经济、文化有清晰认识的复合型人才。而培养这样的人才，同样需要教师也具备国际视野。北京工业职业技术学院的国际化实践探索为学校师生国际化视野的拓展提供了渠道。具体从以下两个维度进行阐释。

（1）知识维度

具备国际视野要求职业院校的学生不仅掌握大量的专业知识、实践技能，还要从全球的高度认识社会。比如当今社会的政治、经济、文化发展主题和潮流，全世界共同面临的热点和难点问题，其他国家的社会发展模式，中国的外交政策和战略等，都需要师生进行了解。北京工业职业技术学院在进行国际化实践过程中，一方面将一批批教师送出了国门，他们在海外开展教学工作实践，实地了解当地的法律法规、文化历史和风土人情等，丰富自身的知识体系，同时也将中国标准、中国文化带到了其他国家，促进了国与国之间的交流。另一方面，越来越多的留学生通过该学院的国际化实践走进了中国的校园，这为学生们带来了不同的文化、思想、语言等的冲击。学生们从一开始的新鲜、好奇，开始慢慢接受新朋友，中外学生在日常的共同生活和学习中，加深了对彼此民族、文化、习惯等方面的了解。

（2）能力维度

具备国际视野的师生不仅应该具备相应的知识，还应该具备相应的能力。例如，信息获取和处理的能力、外语表达和跨文化交流的能力，以及协作能力等。赴赞教师在与当地工作人员的合作过程中，快速提高了自身的跨文化交流能力。另外，学校成立了学生国际交流协会，为中外学生的交流、理解与融合提供了平台。学生国际交流协会经常组织社团交流活动，例如，由以我国学生为主的“导游”带领留学生赴我国的名胜古迹进行参观，为留学生讲解中国的历史文化，这在加深留学生对中国文化认知的同时，也加深了中国学生对传统文化、历史的了解，增强了学生的民族自豪感。“一带一路”沿线国家多以小语种为主，在“外语小课堂”上，从开始的同学们毫无认知，到一遍遍跟着外国同学练习发音，欢声笑语中加深了友谊，激发了彼此的学习兴趣。

现阶段我国职业教育处于由大规模扩张提升向内涵转变的关键时期。多年来，高职教育办学一方面取得了瞩目的成绩，另一方面在学科建设方向、人才培养模式、教育教学成果等方面也存在同质化的现象，世界一流的高水平职业院校数量相对较少。同时，随着我国各层次教育适龄人口不断减少，职业教育在一定程度上面临招生难的问题。

第二章　高职教育发展的历史与现状

课程改革与职业技能比赛有力推动着职业教育办学质量的提升，但是与社会需求相比，高职教育的发展还是相对滞后。受“互联网＋”时代的影响，人才培养工作有了一定的改变。基于此，笔者对当下高职院校教育现状进行分析，发现了其中存在的部分问题，该问题的解决对于改善高职教学现状有着重要的意义。本章分为我国高职教育的历史回顾、我国高职教育发展的现状两部分。主要内容包括高职院校教育现状、高职院校教育存在的问题等方面。

第一节　我国高职教育的历史回顾

一、孕育起步阶段

孕育起步阶段主要是指改革开放以前，与西方的高职教育一样，我国最早的高职教育可以追溯到工业萌芽的18世纪。自洋务运动开始设立的一些技师学堂，主要用来学习西方的技术和培养学生的应用技能。然而，在中华人民共和国成立之前，贫困和战乱严重阻碍了高职教育的发展。尽管中华人民共和国成立之后，我国经历了50多年的调整和改革，但高职教育的发展仍因“文化大革命”的爆发而受到巨大的影响。高职教育在这一时期的显著特征是创立新型职业农业中学，学生一半的时间用以学习与工作相关的技术，另一半时间用以务农。

“文化大革命”期间，高职学校的学生和教师被送到农场和工厂，课程围绕农业和工业生产的需要来设立，学校、工厂、农场共同管理。以课堂为主的学习被以社会主义生产为目的学习所替代，工人和农民站到了管理学校和教育的位置上，全日制教育被业余教育替代。

二、探索发展时期

探索发展时期主要是指 1978—1995 年。改革开放之前，我国并没有真正意义上的高等职业教育。学界一般将“金陵职业大学”的成立作为我国高职教育的起点，在这一时期中央和地方先后建立了 128 所职业大学，这些学校的建立标志着我国特色高职教育雏形形成，为后来高职教育的调整和规模化发展奠定了基础。

三、法律地位确认调整时期

该阶段主要是指 1996—1998 年。虽然 1985 年《中共中央关于教育体制改革的决定》已经明确提出，大力发展职业技术教育，但真正在法律意义上对职业教育进行规定的是 1996 年 9 月颁布的《中华人民共和国职业教育法》，《中华人民共和国职业教育法》明文规定：“职业学校教育分成初等、中等和高等职业学校教育……高等职业学校教育根据需要和条件由高等职业学校实施，或者由普通高等学校实施。”1998 年，新组建的教育部在“三改一补”的基础上提出“三多一改”的方针，即多渠道、多规格、多模式发展高职教育，重视教学改革，真正办出高职教育特点。也就是说，除“三改一补”中提到的学校可以办高职教育外，本科高校也可成立技术学院发展高职教育，只要经济和社会发展需要，高职教育举办方式可以多规格与多样化，只要能体现出高职教育的特点即可，这一时期高职教育的主要特征就是根据需要不断地“变”。

四、跟风发展到精准定位发展时期

该阶段主要是指 1998—2005 年。“三多一改”方针一经提出，全国各地举办高职教育的积极性大增。到 1998 年底，全国各类专科层次的高校共有 139 所。1999 年，教育部出台的《面向 21 世纪教育振兴行动计划》提出，“力求到 2010 年实现大学毛入学率 15%，‘十五’计划将这一目标的实现提前到 2005 年”，当年，在扩招 23 万人的基础上，扩大招生至 33.7 万人，招生增幅达到 47%。大学新生从扩招前 1998 年的 108 万人，激升至 2005 年的 504 万人。在高校扩招的背后，高等教育师资力量、基础设施和学生质量问题凸显，使得高职教育从开始的跟风发展向精准定位发展转变，高职教育“质”的要求应运而生。

五、全面提升质量时期

该阶段主要是指2006年至今。在规模化发展的背景下，高职院校对质的发展愈加重视。为提升高职院校办学水平，2006年11月，教育部启动“百所示范性高等职业院校建设工程”，根据规划，教育部将支持100所高水平示范院校的建设，稳定高职院校现行的招生规模，把重点放到提高办学质量和打造学校特色上。2010年，教育部和财政部又联合下发《教育部财政部关于进一步推进“国家示范性高等职业院校建设计划”实施工作的通知》，在原有已建设100所国家示范性高等职业院校的基础上，新增100所左右的国家骨干高职院校，以此继续推进“国家示范性高等职业院校建设计划”，这些文件体现了这一阶段高职院校的内涵质量建设诉求，并以此引领高职院校整体管理水平和办学水平的提高。国家“以点带线，以线带面，有组织、有步骤，层层推进”的建设计划，说明了政府针对高职教育建设的理念和技巧逐渐成熟，也反映出现今高职教育的发展规律。总的来讲，当前高职教育得到了国家和社会的大力支持，其教学质量正在逐步实现全面提升。

第二节 我国高职教育发展的现状

随着教育事业的发展，高等职业教育作为高等教育的一个重要组成部分，在我国人才培养方面做出了显著的贡献。高职教育体系也在不断地发展完善。培养既有理论知识又有较强的实践能力的社会人才是我国高职教育的育人要求。高职教育随着时间的推移有了很大的改善，但在实际教育教学中，仍存在些许问题。解决这些问题，为高职教育开辟出一条全新的发展道路，是我国教育工作的关键点。

一、高职院校教育现状

（一）高职院校教师和学生的特点

高职院校教育和高等院校教育不同，高职院校教育注重培养高级技术应用和服务人才，人才培养模式更关注学生的职业能力、专业素养和智力发展，要求学生理论知识扎实、技术应用能力强、知识面较宽、素质高。

1. 高职院校学生的特点

（1）入学目的分析

第一，受学历限制，高职院校学生在社会中的就业情况不理想，他们进入高职院校的目的就是提升自我能力，毕业后能找到合适的工作。

第二，有些学生在高考中因为客观原因发挥失常，但是学生本身的理论知识扎实，他们具有学习热情，有明确的职业生涯规划，希望在高职自考本科取得更高的学历。

第三，受家庭影响，父母考虑到孩子年龄较小，步入社会过早，于是选择通过高职学习进行缓冲，好毕业后安排工作。

（2）学生具体情况

第一，适应困难。新的校园环境、新的社交圈、新的教学方式每天都会给新生带来不同的困扰，他们容易产生焦躁、不安等不良情绪。在以往的学习生活中，部分学生没有养成良好的学习习惯，缺乏构建知识体系意识，成绩的不理想带来了挫败感。进入高职院校以后沿袭了之前的学习习惯，被动的学习状态使得学生很难适应新的教学环境和授课模式。

与高中严格的封闭式管理不同，高职院校的课程安排较为轻松和开放，学生的自由时间较多，课下教师也不会布置很多作业，学习氛围不浓厚。一些学生因为没有学习动力和明确的学习目标，学习态度不端正，各种违反校规、校纪的事情时有发生。这部分学生的自控能力较差，对自己没有严格要求，经常上课迟到、早退，上课时睡觉、聊天或者玩手机、听音乐。他们课上不仔细听教师讲课，课下不进行及时的学习，只愿意和同学娱乐放松，考试前自作聪明让教师画考试范围，或者在考试的时候作弊，即使挂科，也觉得会有重考的机会。

第二，职业规划模糊。高职院校的学生有一部分在选择专业时往往尊崇父母意见或者“随大流”，对自己所学专业和学校的人才培养计划并不知晓，缺乏职业生涯规划意识，很少考虑社会发展需求。

对于就业，由于在大学时期没有形成正确的择业观，部分学生功利主义严重，选择工作时把薪资待遇放在第一位，“眼高手低”，在实际工作与兴趣两者之间徘徊，不知所措。另外，高职院校的信息获取渠道有限，无法为学生及时提供当下的就业信息数据，因此也就无法为学生提供合理的职业规划指导。

第三，失去动力和自我否定。高职学生面对高考时有很大的动力，以努力考到喜欢的学校、好的城市，选到好的专业为目标。高考失利后，许多进入高职院校的学生失去了动力，没有学习计划和目标，学习状况比较差。

由于社会对于高职教育的认可度较低，学生易自我否定。有些学生认为只有本科和硕士的学历才会有出路，造成对高职教育意义的怀疑，认为自己前途暗淡，不愿通过继续学习和考取证书的方式来提高自身价值。再加上自暴自弃，认为就业形势严峻，造成了他们不努力、不思进取的后果。

第四，思想政治表现积极，易接受新事物。大多数学生在入校后，愿意向党组织靠拢。他们积极参加入党启蒙教育，踊跃上交入党申请书，愿意主动与党员、积极分子交流对当前中国国情和政策的看法；积极参加学校的各项活动，积极承担学生会工作，愿意在生活学习中帮助同学。高职学生由于正处于发展阶段，人生观、价值观还未定型，对新生事物感兴趣，具有丰富的想象力，在学习生活中思想活跃，善于观察。

第五，心理问题较多。部分学生由于父母比较溺爱，养成了以自我为中心的特点，在学校不适应严苛的管理方式，容易叛逆。社会就业形势日益严峻，物竞天择，适者生存，学生本就就业压力大，部分学生还受感情生活的困扰，憔悴不堪。一些学生精力旺盛，希望得到足够的尊重，自己独立处理事情，但是由于缺乏生活阅历和处事能力，与人交际时往往羞涩、胆怯、不自信，最终还是不得不依赖教师或者家长。这些问题影响了学生的身心健康，会使其出现一系列焦虑、痛苦、抑郁等心理问题，导致学生上课不能集中注意力，对自己放任自流。

2. 高职院校教师的特点

①教师以传授知识、开发学生的智力为主要任务。学校机制的设置使得与教师职称评审直接挂钩的就是获奖情况、论文发表等硬性指标，为此，部分教师忽视了对学生的综合素质的培养。一些专业课老师将学生素质、责任心的培养推脱给了学校的辅导员或者心理老师，责任心不够。

②备课易产生惰性。通常高职专业的设置在很长一段时间内都不会改变，一个任课教师会将一本教材使用很多年，这导致教师备课产生了惰性，懒于更新课件。教学方式过于传统，教材的信息量有限，再加上知识结构较落后，致使学生学到的知识与当下社会的需求脱节。

③教学方式陈旧。一些高职教师仍沿用传统的书本、黑板、PPT 等教学设备，无法对书本内容进行生动的展示，教学形式比较单一，学生学习感到枯燥或者很难集中注意力。

（二）传统教学的特点

①传统的教育是持续学习。学校会按照人才培养计划，规定学习年限，安排每个学年的课程，并定期对教师教学内容进行检查。学校会成立每个年级、专业的教师研究组，统一安排教学任务，对教师的教学方法和内容提出高要求，为学生的全面提高奠定基础。

②善于培养学生的逻辑思维。传统的教学方式注重科学系统地进行知识讲解，有助于培养学生的逻辑思维，帮助学生构建完整的知识体系，使学生容易理解课本上的知识。这种教学模式利于教师控制课堂节奏，在整个教学活动当中，教师可以按照自己设计好的教学方案进行讲解，教学效率高。

③多种授课方式相结合。传统的教学方式中最常用的就是知识讲授法，在一些实践性的课程中会用到课件演示法。所有的这些方法都是经过了几代人的实践传承下来的，经过教育者的选择淘汰，最终留下的是被人们认可的高效方法。知识讲授法是传统的教学方法，它往往与其他教学方法相结合。传统教育会让学生由浅入深、深入浅出地学习书本内容，避免学生因直接接触复杂的知识而产生畏难情绪，教师可根据全班进度安排教学计划，促进高职学生形成知识体系。

（三）资源配置情况

1. 设备种类多、专业性强

设备的购置经费主要来自财政拨款、科研经费、企业赞助、学校自筹等。多样的资金来源，解决了一部分设备采购经费紧张的问题。教学基础设备基本按照专业课设置，不同专业的要求不一样，每个专业会有种类、性能、功能不同的设备。

2. 设备具有共享机制

虽然基础设备是根据不同专业设置的，但是由于专业之间具有共通性，不同设备可以跨专业、课程使用。尤其是多媒体教室、实验室、机房不区分专业，使得高职院校的教学设备具有共享性。

3. 管理水平较低，资源浪费严重

随着高职院校教师队伍的扩大，学校对人员经费的投入越来越多，相应减少了对科研项目的投入，造成学校科研水平较低。部分科研人员对申请的经费使用没有合理规划，在课题完成过程中任意处置经费，利用率不高。一些学校管理水平较低，人力资源安排不合理，部分教师会选择去待遇好、薪酬高、晋

升空间大的学校，造成了骨干教师的流失，增大了建设专业教师团队的难度。

二、传统教育与移动互联网教育的区别

传统教育是与现代教育相对的一个教育派系，是在特定的历史时间段中形成的被人们广泛使用、具有一定影响力的教育思想或者方法。在二十世纪初期美国教育家杜威首次提出传统教育的概念，即急需改革的“形式主义”的近代欧美教育，特别是指以赫尔巴特的教育理论为依据所形成的课堂教学制度、教学理论和方法。

移动互联网教育以智能技术为支撑，可以通过各种多媒体技术展现出来，移动终端为不同需求的用户开展教育传播，随时为学习者提供优质的学习资源。互联网技术使教育创新得到了支持，拓展了教育空间，使分享式、共享式教育成为现实。培养终身学习习惯已成为当下培养人才的重要目标。高职院校应充分运用各种资源来促进互联网教育的创新，为建设人人学、处处学、时时学的学习型社会奠定基础。

高职院校应将传统教育和移动互联网教育相结合，实现优势互补。传统教育教学过程中，教师近距离接触学生，能了解学生存在的学习或者生活问题，从而进行指导，有利于学生摆脱对网络的依赖性；移动互联网教育拓宽了学习场景，突破了教学内容瓶颈，语音识别、在线实时评估能满足学习者的基本教育需求。互联网让教育从原来的把大脑灌输满转变为开发学习者的心智。

三、高职院校教育存在的问题

（一）传统高职教育存在的问题

中国已经成为世界上最大的经济体之一，被称为制造业的“世界工厂”，更需要高水平的技术性人才。职业教育肩负着培养新一代高素质人才的使命，大力发展具有中国特色的职业教育，理论联系实际，对于中国职业教育的发展具有重要的意义。随着科技的进步，职业教育资源也发生了翻天覆地的变化，从最初重视硬件设备的开发，转变为注重数字化教学资源的开发和实训模拟资源的开发；从大量消耗资源，转型为合理利用配置资源，更加注重对环境的保护。

在新型工业化和科学技术的支撑下，现在职业教育体系将逐步成为国家竞争力提升的核心。早期，国家在职业教育改革中投入了较多精力，职业教育取得了相当大的成就，职业院校综合能力有所提高，中高等职业教育发展迅速，但在追求发展的同时，也应注意解决以下问题。

1. 学生主动性较低

首先教师课下备课的内容充足，但是由于课上时间的限制，教师必须在限定时间内将全部的知识讲给学生，这就使得教学节奏快，学生的思维必须紧跟教师的思路。学生上课时会偶尔分心，不能从始至终地听讲，致使学生容易遗漏知识点，有问题也不能及时地反馈出来。课上时间较短，学生无法很快对课堂内容进行分析、构成知识框架，只能记录笔记，在课下发现问题。教师主动，学生被动，两者之间缺少相互的刺激因素，学生被动的学习状态只会降低学习效率，束缚学生的自主发挥性。

其次，接受高职教育的学生缺乏获得信息的强烈意识，不积极寻找所需信息，不了解获取信息的重要性，对信息获取缺乏主动性。大部分学生都没有建立自主学习体系，不会主动去阅览室查阅相关课外的信息，利用网络知识库学习的学生更是少之又少，比起学习更愿意选择游戏或者社交，从而缺少了利用知识去处理信息的能力。

2. 应试教育忽视综合能力培养

传统教育会让学生处于教师授课、学生听课的单一教学模式中，容易让学生感觉枯燥，产生疲惫感。而且教师一直树立的都是严肃的形象，很难与学生消除距离感，缺乏平等性，这也使教师无法了解到学生的想法，只能根据自己的教学方式进行教学。更多的时候教师迫于教学任务，严格按照教材来讲解，教材的重点是什么，就着重讲解什么；考试的重点是什么，就着重讲解什么，使得教师给学生灌输的理念就是，记住知识，掌握方法，会做题，取得好成绩，学生不能选择自己感兴趣的知识，这种模式无法激发学生的学习热情。

3. 课程设置不合理

目前绝大多数的高职课程设置仍然按照传统教育模式来安排，如文化课、专业理论基础课程、实践科目，将实践性课程放到最后一个学期集中学习，即使有，课程的效率也较低。实践性课程旨在培养学生的实操技能，但是就目前高职院校的课程而言，实践科目被叫作“实践性教学环节”，没有得到足够的重视，这使得学生在实际一线操作中的技术和能力不够扎实。很多学校在课程设计上，只是将“动手能力”归为实践课的目标。大部分高职院校将实践课程与理论课程分开设立，造成了实践和理论相分离，使得高职学生的技能得不到系统的训练。

高职院校的目标是培养一批懂技术、会生产、能提供优良服务的优秀人才，围绕这一目标，就应该将理论与实际相结合，安排较长的实习期，让学生到生产工作第一线。

4. 专业设置没特色

首先，现有的高职教育直接对中职的教育进行生搬硬套，仍用中职的教学模式，对中职教育体系进行延续，缺乏高职教育的特色，与中等职业学校差别不大。其次，各个学校的专业结构比较相似，几十年来的学科关系没有根据企业、社会的发展发生改变，多数高职院校没有特色的专业。

5. 人力资源不合理

高职院校师资力量逐年增加，但理论型教师偏多，技能型和双师型教师较少，教师队伍构建不合理，很难形成最优复合型团队。部分教师是由中专或者成人大学转职过来，教师达标率不高，一些硕博毕业的教师虽然学历较高，但缺少实践经验。由于薪资待遇问题，高职院校较难吸引企业的优秀人才。高职院校属于事业单位，教师编制限于本校，优秀的教师不可以跨学校授课。教师培训和继续学习的机会有限，引进企业人才受编制影响，很难实施，整个教师队伍缺少骨干教师和专业领军者。

6. 教育质量不高

由于高考录取政策放宽，从原来的“精英教育”转为“大众教育”，大多数高职院校具有了自主招生权，招生情况好一些的学校会增加录取人数，增加专业班级，学生可以自由选择。在这种市场化的影响下，发展方向制定较好的学校可以吸纳更多学生，学生容易就业、教师待遇随之增加、设备更新加快，形成了良好的循环。相反如果学校的发展方向制定得有偏差，则学生数量少、师资力量匮乏、教学质量差、学校运营困难。

7. 社会认可度低且就业率较低

受师资力量、教学资源、生源情况等各方面的影响，在传统观念中高职教育始终在本科高等教育之下。但是随着社会经济的发展，社会分工逐渐细化，技术型人才的短缺使得高职教育的重要性日益凸显。被社会大众认可和接受是一个漫长的过程，高职院校需要不断优化校风、提高教育教学质量、建设高水平的管理团队。高职院校在注重人才培养的同时还需要获得社会、企业、各层人士的认可。

随着学校不断扩招，毕业生人数逐年增加，质量也不同。数以百万的毕业生涌向社会，就业形势严峻。还有一些高职院校为了提高就业率，不规范操作、弄虚作假，或将学生进行一次性签约。这导致学生为签订合同而草率工作，使得高职毕业生对首次就业单位的忠诚度偏低，造成了高职学生毕业就失业的情况。

8. 实训基地建设不理想

部分高职院校在对经费的安排中，对实训基地投资较少，始终坚持以课堂为中心。从课程体系上看，实训课依旧属于理论课，在课时上很难保证，实训课的课时明显少于理论课。相对于高职学校的办学水平，实训基地的整体情况较落后；一些热门专业的实训基地基础设施完善、更新速度快，但是一些冷门专业的实训基地条件较差。

其实除了上述提到的问题，当前中国的高职教育还存在教学理念比较陈旧、政企参与不够、人才培养方案落后、没有与国际接轨等问题。

（二）高职院校应用移动互联网存在的问题

1. 对传统教育模式的冲击

学校教育给人的印象极为深刻，特定的教学环境、统一的教学模式、传统的教学课堂……但是随着移动互联网教育的兴起，学生们不再只满足于课堂教育，对互联网上的学习资源充满了好奇。学生可以轻松、快捷地获取互联网上海量的文字、图片、视频学习资料，甚至是各个科目、专业的学习内容，与传统的单一教学模式、有限的教学资源、封闭的教学环节相比，部分学生对传统的课堂教育产生了质疑。

一些教师在应用互联网设备时会放大其优点，认为新的网络媒体可以代替传统的教学媒体，传统多媒体设备将会逐渐退出传统课堂。虽然传统的教学媒体存在一定的局限性，但是其教学目的是帮助教师、学生更高效地学习，而不是融入整个学习活动中，传统的教学设备，如黑板、模型、地图等都具有其独有的作用。鉴于高职教学中信息化设备资源紧缺，我们更应该合理利用传统教学资源，让两种教学设备均能发挥各自优势。

2. 影响学生的价值观

互联网普及率高，展示的内容包罗万象，汇集了不同的宗教文化和信仰。高职学生大部分都是青少年，有的还是未成年，判断力弱，不能辨别一些不良的思想，加上有些人恶意传播不良信息，这对身心尚未成熟、好奇心强烈、容易被外界刺激的青少年来说，势必会影响其正确价值观的确立。

3. 互联网信息无法替代知识

移动互联网教育让学生发挥自己的主导性，使学生由被动接受性客体变为积极主动的主体，学生热衷于对网络资源的学习，但是也会曲解知识和信息的定义。

学习，是指通过阅读、聆听、思考、研究和实践等途径获取知识或技能的过程。移动互联网学习不再是通过实践和研究获得知识，而是在不思考的情况下了解信息。信息是指通信系统传输和处理的对象，泛指人类社会传播的一切内容。人们可以通过获得、识别自然界和社会的不同信息来区别不同事物，来认识和改变世界。信息是无法代替知识的，我们在了解信息后经过大脑的重新分析和构建，在自己的头脑中形成知识体系，知识是对信息的积累、筛选和汇总。学习的根本目的就在于此，通过对知识的理解，培养自身发现、解决、思考问题的能力，简单地浏览互联网信息并不是学习。

5. 对多媒体作用的认识不正确

教师为适应当下信息化教育建设，将多媒体技术积极应用于课堂，对多媒体技术的理解却流于表面。课件内容同质化，知识呈现方式从原有的黑板换成了多媒体设备，教学效果没有任何改变，还造成了教学资源的浪费。教师使用多媒体设备应该挖掘其特有的现代化功能，并与教学相结合。

利用互联网下载更多的教学资源，并将其带到课堂中，当然可以增强教学资源的多样性，使课堂内容更充实。但是个别学校认为，只要有与教学相关的配套计算机设备就能完成传统教学模式的优化，这并不正确。利用多媒体增加课堂容量，学生收到的知识量也会相应增加，这并没有改变学生的思维方式，反而是“填鸭式”教学的延伸。

（三）原因分析

1. 新技术应用能力缺乏

高职教师绝大部分都是经过严格的培训考核后就职于职教岗位的，他们每个人都有为教育事业奉献终身的坚定信念、对教书育人事业的热爱，也有着扎实的理论基础和对所学专业未来发展趋势的把控力，但是很多高职教师还不能熟悉地应用数字化教学设备和教学软件。

教师在之前的学习生涯中，由于当时的学习条件有限，科技发展远不及现在，大学课程中没有涉及与现代技术教育有关的内容，又或者涉及了也只能讲解理论方面的知识，没有配套的新技术设备。高职院校出于对资源的合理配置，很少对教师进行相关内容的培训，导致教师仍然采用老旧的教学资源、课件为学生进行讲解，或者用老旧的思想看待先进的设备，新媒体资源利用率不高，使得国家投资建设的教学资源未被合理利用，造成了闲置。

随着科技的发展，多媒体教学设备的种类逐渐增多，但是其在实际教学中的使用情况不是很理想。教师如不掌握各个多媒体的作用和特点，或者在实践过程中不能正确地选择多媒体设备，会使教学效果受到影响。

2. 教学观念落后

教师对实现教育现代化的认识不够，正确的观念是一切行动的指南。教师要从宏观的角度认识教育改革的重要性，不能将视野局限于学校而忽视社会这个大环境，应将传统的教学理念贯穿整个职业生涯。大多数高职教师对现代教育技术及其发展情况，尤其是现代教育技术对现行教育教学观念、手段、地位、环境等引起的根本性变革还缺乏必要的了解和认识。

部分高职教师在教学经验积累的同时，年龄也在增加，对现代化理论知识的学习热情不高，观念转变较难，对新技术会产生一系列抵触或者畏难情绪。教师一般会希望沿用现有教学模式直至退休，没有动力学习新技术。

3. 教学设计能力欠缺

教学设计指的是教师在课堂教学之前，全面考虑在教学过程中可能出现的各种问题，为了确保课程的顺利发展，预先制定有关措施和办法，解决可能影响教学效率的问题。在实际教学设计中，教师多少都会存在一些问题：有些教师不熟悉相关的理论和技术，不知道如何利用现代教育技术设计教学内容；有的教师理论基础扎实但是不知道如何与实际教学相结合；还有部分教师在实际过程中不能坚持原来的设计，依靠经验来教学。

4. 教学条件较差

大部分高职院校由普通的中专学校升级而来，虽然财政拨款有所增加，但是远远不足以满足高职的办学支出，故高职的办学经费严重不足。中西部地区高等职业院校的财政拨款远不及经济发达的地区，地市级的高等职业院校财政拨款更少，甚至还不到学费收入的二分之一。在此基础上，迫于学校的发展，对外学校需要不断的资金赞助，对内学校通过节约来降低成本，虽然减少了资金投入，但是也暴露了一些问题。最为突出的就是无法建设高质量的现代化的实训场地，校外的场地建设遇到困难将直接影响学校实践活动的开展。

5. 学生信息素养不高

大部分高职学生利用互联网休闲娱乐，很少会利用电子图书馆资源或者网上课程资源，缺乏从互联网获得知识的潜在想法。部分学生在课外不注重拓展知识面，不积累相关的专业知识，对信息的构建和搜索能力弱，这致使学生可以熟练地使用计算机但是不知道怎样高效率地深度挖掘知识，获取的知识较片面。高职院校学生的信息素养普遍不高。

四、移动互联网对高职教育影响及高职教育的优化对策

为了逐步改善高职教育教学的环境，使得高职教育模式更加符合当下的社会需求，促进新时代下人才培养目标的实现，需明确移动互联网与高职教育的关系、了解移动互联网对高职教育的影响，并针对高职院校存在的突出问题，进行改革，从微观到总体全方位地优化高职教育教学模式。

（一）移动互联网的应用特征

1. 移动互联网的特点

互联网是依托新媒体和新技术的一个全新领域，许多网络相互穿插形成一个全球范围的网络体系，将万物进行连接，所有的一切都在互联网之中。互联网与人们的生活息息相关，人们可以随时随地享受移动互联网带来的便利。移动互联网具有便捷性和便携性、及时性和精准性、感触性和定向性、私密性以及局限性这五个特点。

（1）便捷性和便携性

互联网是一张多维的网络，是由 GPRS、4G、5G 和 WLAN 或者 WIFI 组成的一个全方位的覆盖网，这使得所有移动终端不受时间、空间的限制，不仅仅局限于智能手机、平板电脑、车载电脑等，还有可能是智能眼镜、智能手表、服饰、配饰等随身物品，极大地提高了便携性。

移动终端的便捷性，可以使人际沟通变得简单，通话双方无论相距多远，都可以通过网络知晓对方的情况，双方能够实现实时互动交流。这不仅能方便亲朋之间的沟通，还能方便商业人士的交易、谈判等。移动互联网为自由学习者提供了海量资源，网民可以通过移动终端立马了解到国内外政治、经济、文体、医学等所有的信息，还可以随时搜索自己想要的、有用的知识。同时网民可以通过移动终端在教育平台上发表自己的想法，提出自己的困惑，这些个性化的信息反馈对教育资源提供者有重要的意义。

（2）及时性和精准性

移动互联网带来的便利使人们能够利用碎片时间在任何时间和地点处理、接收各种类型的信息，而不会遗漏重要的新闻或信息。对应于每个移动终端的ID和电话准确地指向一个人，这样可以为不同个人提供准确和个性化的服务。

（3）感触性和定向性

如今的智能手机代替了早期的键盘手机，给人们的生活带来了更多的便利。移动终端设备的感知系统，可以敏感地获取使用者的位置信息，甚至可以收集附近的图文信息，为用户提供所需的相应服务。

（4）私密性

一方面由于网络因素和移动终端设备的能力，移动互联网提供的大规模服务必须符合特定的网络技术规范。很多互联网程序会采集个人的私密信息，部分网民也喜欢把照片上传到云端进行大量存储，这些所有的隐私资料，如果没有本人的允许，其他人无权获得。

（5）局限性

当我们享受移动互联网带来的舒适生活时，也应该接受其带来的限制。在移动终端方面，它们受到尺寸、存储容量、处理能力、电池等的限制。

2. 学生上网特征

由于受高职院校特定环境的限制，针对高职院校学生这一特定群体，移动互联网的使用在原有的基本特点上，还产生了新的特征。

第一，学生大多数属于同一个年龄段，多数是独生子女，家人溺爱，在家庭条件充裕的情况下，基本能得到自己想要的东西。这种家庭环境下的学生比较自我，具有个性，喜欢在网络平台展现自己或者与人分享自己的生活乐趣。

第二，高职学生一般具有相同的教育经历和学习态度，所以更容易聚集在一起，对于互联网也较为关注游戏、音乐、交友等方面。

第三，对新鲜事物比较好奇，互联网的不断发展，给人们带来了全新的生活体验，更刺激了学生的探索欲望。在互联网上有无限的资源，可以填满学生绝大多数的空闲时间。学生对科技产品也有浓厚的兴趣。

第四，高职学生年龄较小，还没有形成自己的人生观和价值观，对不良信息的判断能力弱，很容易被网上的各种信息所迷惑，再加上社会阅历尚浅，自控力较弱，容易成为受害者。部分学生缺乏网络道德，对知识产权不重视，使用盗版游戏或者盗版软件。

3. 学校易管理性

使用互联网的人员层次广泛，国籍、宗教、种族各不相同，各个国家政府对互联网的监控能力有限，因此很难控制不良信息在互联网上的传播。但在高职院校的环境中，互联网对学生的影响相对容易控制，原因有以下三点。

第一，高职院校目前都是全日制，学生生活在相对封闭的校园之中，进入学校以后会有相对应的辅导员和班主任统一管理，学生入校后各方面的特点基本一致，这为管理学生的行为提供了有利条件。现在高职院校的网络使用一般采用实名登记制，限制上网时间、上网流量，因此较容易使用校园网对高职学生进行干预和管理。

第二，高职院校学生使用互联网的偏好程度相似，学校可以开设关于正确使用互联网的辅导课程，减少互联网对学生的多元影响。

第三，目前高职院校的学生上课和生活的地域差别不大，在此基础上加强对校园网络的净化和监管的力度，就可以有效控制互联网带给学生的影响。

4. 移动互联网的优势

（1）激发学生兴趣

在互联网背景下，中国高职院校应该借鉴国外的先进教学理念，走国际化、产业化、社会化的道路，研发出符合国内教育观念和学生情况的教学模式。互联网资源丰富，高职院校应将其与现有资源整合，调整课程的设置和教学方式，使教育过程真正成为学生自主构建知识的过程，激发学生学习兴趣。兴趣会引导学生去努力认知和探索自己所爱好的事物。许多心理学研究结果证实，当学生对学习有兴趣时，他们的大脑皮层会保持一种活跃状态，从而调动各项智力因素。

（2）促进办学主体多元化

中国的职业教育在较长一段时间内发展迅猛，建成了国际上规模最大的职业教育体系，取得的成绩也受到了各方的关注，随着社会主义市场经济体制的不断健全，高职教学模式的不足也展现了出来。学校作为单一的办学主体，使得高职教育缺乏丰富性，所以挖掘更多的办学主体是当下高职教育发展的必然趋势。虽然多元办学的理念已经提出多年，但是受很多不利条件的影响，市场、企业、政府等其他主体提供的服务还是很难与学校的实际需求相结合。

如今，互联网的不断发展，创造了更多的有利条件，我们可以借助互联网编织多元化服务主体相结合的网络，从而有效发挥职业教育多元主体的合作效应，改变企业参与办学动力不足的现象。

（3）促进教育资源共享

早期由于受到地域、经济、文化、科技等因素的影响，教育资源分布不均衡，如今我国正在逐步实现教育公平。对于职业教育而言，公平指的是受教育的机会均等、教育的过程公平，让每一个学习者都能享受到优质的教学服务，这是社会发展的必然选择。

中国的教育东中西部差异很大，城市和农村的差异也很大。基于以上的背景，开展互联网教育显得尤为必要。依托互联网，以多媒体为载体，不同区域的学习者都可以通过网络平台学习知识、技能，增加了享受优质教育资源的机会，模糊了地理界限。除此之外，互联网基于大数据技术，可以对不同区域的职业教育发展进行评估，运用数据分析划分出不同等级，取平均值为参考标准，每个区域的水平可以一目了然，从而可以针对性地提供帮助。移动互联网教育旨在利用各种互联网技术促进教育公平的实现，它依托大数据来实现跨区域、跨层次的教育共享，使教育不再受各种因素的限制，有效降低教育门槛，使得人人都能享受教育，从而促进全球教育资源的共享。

（4）转变职业教育重点

随着“大众创业，万众创新”热潮的来袭，职业教育的服务重点发生了变化。原先忽视创业教育，随着“互联网＋”行动计划的实施，原先只为满足就业需求的职业教育转向服务就业和创业，这也是我国经济发展进入新常态后职业教育显现出的新趋势。

高职教育作为与经济社会发展最为紧密的教育类型，应该加快改革的步伐，将教学内容、实践课程与社会需求相结合，在互联网的支持下，展开与创业相关的理论教学，为高职学生创业奠定基础，不断激发学生的创造潜能，提升他们的发展能力，真正提升学生的创新创业意识。

（二）移动互联网对高职教育的影响

移动互联网应用于高职教育，让学生获取和反馈信息的方式有了翻天覆地的变化。新的教学模式不仅可以帮助学生提升学习能力，制订个性化的学习计划，而且还能满足职业教育的新诉求。

1. 学习平台变得多样化

翻转课堂的兴起引发了一场课程改革浪潮，倡导学生自主性、个性化学习。翻转课堂是一种创新性的混合教学模式，改善了传统教学方式，由传统教师在课堂传授知识转变为学生可以在课堂外学习。翻转课堂的这种教学模式也促使了资源多样性的形成，目前最受欢迎的模式有以下几种。

①微课程。这是当下流行度最高的一种教育传播方式，即将原有的知识体系进行细化，把一个教学内容分解为许多小的知识点，通过简短的在线视频呈现给学生。这些视频的特点：短，平均播放时长大概在 9—10 分钟，还有一些更短；细化，每个视频具体到只是一个概念或者一道题；便于理解，由于其内容讲解具体，学生容易掌握，极大地增强了学生的学习动力。

②视频公开课。视频公开课最具代表性的就是可汗学院。这是由哈佛商学院毕业生可汗创立的一家教育非营利组织。目前已经录制了上千段视频，旨在免费帮助全球的学习者，其中包括了金融、宏观经济学、微观经济学、数学、艺术、天文、历史等各个学科内容。2013 年之后，可汗学院的课程已被 20 所公立学校采用，这也打破了传统学校对教育的垄断，使得更多学习者获得了自己所需的知识。

③ MOOC。在中国，MOOC 是一种新型教学模式，吸引了教育界的关注，被称为虚拟学校。该教学模式和传统教学模式一样，具有统一的教学安排，学生可以根据需要选择课程内容；观看教师的视频后，完成线上作业并提交；学习计划完成后，进行考试，甚至能够取得相应的学历证书和技能证书。尽管与传统的教学模式一致，但是 MOOC 拥有更广泛的学习者，并且教学环境、教学时间更自由。

④辅导资料、学习题库。这一类平台可以作为传统教育的辅助工具，可以按照学生的需求，提供相对应的教育服务。例如，高职学生可以在上面寻找到一些专家教授的理论知识，或者下载一些课本之外的学习资源；在考试之前可以下载相对应学科的模拟考试题目进行练习；甚至还可以通过拍照来搜索相关知识和内容。

翻转课堂的重点是培养学生的自主学习能力，因此对学生的自律性和学习意志力有一定的要求。而传统课堂的严肃性，能使学生具有很好的定力，免受其他事物的干扰。从资源种类、受教育者范围、教学环境等方面两个模式都可以进行互补。翻转课堂的应用，将优化高职教育的教学内容、课堂形式、课程设计，并能扩充课堂容量，进而实现更好的教学效果。

2. 教学工作变得更高效

第一，移动互联网有利于开展课下教育。传统教育中由于受到时间的限制，教师基本上都是在课堂上与学生进行交流外，课下交流的时间较少，不能在第一时间了解到学生学习情况、思想变化等。在互联网中，学生可以随时向教师提问，进而解决问题。利用互联网教师可以聚集一些专家、教授，然后开设一个讨论组，邀请学生参加，这能方便学生与学生、学生与教师之间的沟通，激发学生的学习热情；还可以将翻转课堂与课前预习、课后复习相结合，确保教学质量。

第二，移动互联网使教师管理学生更方便。在互联网教育中，教师可以通过移动设备来获取学生信息，如地理位置、出勤率、考试情况等。教师可以通过互联网上的各种软件布置作业，学生可以随时提交作业，提高了课堂效率。

第三，教师移动办公更高效。通过移动终端，教师可以随时工作，不管是出差还是课下时间，教师都可以登录办公系统进行线上办公，随时处理教学事务。移动办公还具有上班打卡、请假审批、信息发布等功能，为学院各级工作人员提供了便利。

3. 学习方式得以更新

移动互联网使学生的学习时空更加灵活，移动终端不仅仅只有手机，还有平板电脑、MID 等设备，随时点开就可以获取需要的知识，学习者利用移动终端学习将会成为必然。相较以前使用台式电脑的“固定化网络”时代，使用移动终端更易获得教育资源。高职学生不用再像以前那样拿着厚重的电脑进入课堂，或者必须待在放有台式电脑的多媒体机房上与计算机相关的课程。

高职学生可以在校园内利用移动互联网随时获得学习资源、分享学习视频、下载学习资料。移动互联网技术在现代教育中体现出超时间性，可以实时存储。移动终端方便、快捷，可以为学生提供一种不受时间、空间限制的学习方式，使学生可以高效地利用碎片时间、提高信息收集和处理能力。同时它也让学生学习的内容不再局限于课堂和书本的知识，而是面向整个学习资源库。

4. 学生的综合素质得以提高

移动互联网的便捷性改变了高职学生原有的学习环境，依托大数据和云计算，学生可以根据自己的兴趣、专业，及所掌握的知识、企业的需求，分析未来的就业趋势，从而制订学习计划。学生学习不仅是指学会多种解题思路，更高的目标应该是团队意识和实践能力的培养。学生可以通过互联网进行集体讨论式学习，在网上通过团队合作培养自己的责任感和团队意识。

5. 有利于建设学习型社会

网络资源的开放性、共享性解决了传统教育的付费问题，可以为一些热爱学习、家庭经济条件差的学生服务，可以为一些时间和精力不允许脱产的人群服务，有利于建设学习型社会。

（三）高职教育的优化对策

1. 优化硬件设备

（1）建立优秀的资源库

实行资源库共享机制，高职教育资源的建设首先要以国际视野为基础，借鉴国外职业教育资源建设经验，结合中国职业教育的现状，满足中国经济发展的需要。各个地区应该根据本地的经济发展需求，结合高职学校教育的特色，以国家标准为参考，建设具有地方特色的信息化资源库。高职院校应该根据自己所设的专业，建立优秀的资源库，上传优质资源，实行共享机制，创建人人可以参与的网上学习环境。

（2）增设智能教学设备

“只有拥有更先进的现代教育设备，学校才能创造一个良好的物质环境，使教育实现现代化，并为教师展示其才能提供一个平台”。互联网时代下的教育将会更加便捷，学习方式会更加充满趣味性，教学的多媒体技术也会更加智能，智能的计算机技术将成为实现教育现代化的有力帮手。特别在提升学生的信息处理能力方面，计算机技术起着关键性作用。

随着信息技术与教育的结合，教学设备正在逐步升级。高职院校应与时俱进，不断增设智能教学设备。从原有的书本、光碟、多媒体白板到现在数不胜数的高科技多媒体，课堂教学变得越来越智能，越来越简单。教师和家长也可以通过这些高科技的智能设教学备了解学生的学习进度、心理情况，可以让家长对学生更放心。

（3）构建三维一体平台

高职院校是为企业、社会输送生产、技术性人才的摇篮，互联网时代下高职院校应该突破原有的专业限制，搭建互联网平台，实现师资力量、实训基地等资源的共享，建设“校—企”“校—校”网络教学平台，在生产一线实施现场教学，并搭建数据和视频的储存中心，实现双向实时传送，利用移动终端实施互动教学、随时教学，打破原有的学校与企业的二维的资源合作模式，构建学校、企业、职教中心的三维一体平台。

（4）加大对欠发达地区和偏远地区的投资力度

受地域的限制，一切欠发达地域，网络覆盖率不高，偏远地区移动终端设备较少，多媒体设备缺乏，无法保障互联网教学的顺利进行。

“十二五”以来针对偏远地区、欠发达地区，中央财政每年投入 150 亿用于开展示范学校的建设、模拟实践室的建设。但是，这些地区由于职业教育的发展长期处于滞后状态，需要国家投入更多心血。如增加资金的投入和提供优惠政策，使得优秀的教师愿意长期投身于职业教育。

2. 优化教学课程

（1）对传统教育模式进行创新

互联网教育不是逐步替换传统教育，而是为传统教育注入动力，高职院校应将互联网教育与传统教育相融合，使教育的光环照亮每一个学生。因此，高职院校要对传统的教育模式进行创新，使教育焕然一新。具体可以改进以下三个方面。

第一，创新教学模式。首先，教师要改变观念，培养信息化思维。教师在日常的教学当中，应该合理利用信息化手段，在传统授课、日常备课、课下批改作业、考试等环节积极向互联网靠拢；要教会学生使用移动互联网来获取学习资源，从根本上引导学生正确使用移动互联网。其次，教师应该有效结合互联网的优质教学资源，提高教学质量。教师应利用互联网搜寻课本之外的新内容对课本知识进行补充，增加课堂教学的丰富性；要对现有的教学模式进行改良和升级，不断创新教学过程，形成好的教学效果。最后，教师要帮助学生提升学习能力。教师要重点教会学生如何将在互联网上获取的资源转化成自己的知识；教会学生选择、分析、分辨知识的方法；指导学生在思考和摸索中形成适合自己的学习方式，使学生的思维能力、学习能力得到提高。

第二，创新教学内容。学校教育的核心就是教学内容，教学内容的创新需要紧紧按照教学大纲和人才培养计划展开。高职教育的重点是培养服务型人才，教学内容与生产服务等工作密不可分，教师可以通过互联网学习到新的生产理念、新的技术、新的操作指南以及了解到最新的行业动态，进而对教学内容进行创新，使学生掌握的理论和实践知识更符合当下的社会需求。

（2）建立高职课程体系

为更好地服务于企业、社会，确保高职人才质量，高职院校应该建立科学的高职课程体系。

第一，高职院校要将理论多与实践相结合，在政府、企业的帮扶下建立实训基地；科学合理地安排教学内容，重视实践课程，培养学生的实践能力和应用能力，突出实践的教学重要性。

第二，高职院校要高效教学、丰富课堂内容。目前高职院校的教材内容贴近人才培养方案，教材内容传统，还存在一些抽象知识。教师应利用多媒体技术和网络技术将抽象知识具体化，带给学生立体式的教学体验，方便学生理解；

在原有传统课堂教育的基础上，结合移动终端引入翻转课堂、学习通学习软件等，突破原有教学空间的限制，合理利用互联网平台来扩充信息量和知识量。

3. 优化高职教师队伍

互联网时代下的教育对高职教师提出了更高的要求，因此，高职院校应重视教师培训工作。

（1）增强培训内容的丰富性

高职教师的教学任务由教务处统一安排，教学灵活性不高、教师的压力过大，使得培训时间受到限制，高职院校应根据教学时间段的不同对教师进行不同的培训。首先是集体参与式，时间安排在周末或者假期，集中对教师进行与互联网应用、多媒体技术和计算机技术相关的培训，教师之间可以相互交流，借鉴经验。其次是针对性培训，集体培训结束后，根据教师对信息化技术的了解情况及对新媒体设备的掌握情况进行分类，开展针对性的培训。邀请相关的企业技术人员或者教授拓宽理论知识的广度和深度，带来最前沿的信息，激发教师学习热情。

培训效果好与坏最直接的体现就是教师的工作是否得到了学生的认可。首先学校可以在学生管理信息系统内开展相对应的问卷调查，让学生定期对教师进行评价。其次学校可以设置检验小组，在教学中的每个阶段，对教师进行抽查，检查内容包括设备使用能力、教学质量、备课方案等。最后定期对优质课堂进行展示，对于达标的教师给予奖励，激发教师的学习热情，更好提升师资队伍建设。

（2）转变教师的教学观念

高职教师应当从心理上接受互联网的优势，主动采用信息化技术环境下的新教学模式；整合互联网资源，将多媒体设备融入课堂中，扩大课堂容量，构建新的知识结构为学生带来全新的课堂体验；尊重每一位学生的主体地位，鼓励学生主动学习，使“教”的中心永远是“学”。

第三章　当代高职教育教学方法的选择

有效选择和运用最佳的高等职业教育方法组合是高职院校提高教育水平的关键。本章分为高职教育教学方法的概念及应用现状、高职教育的教学方法选择两部分，主要内容包括高职教育教学方法的概念、高职教育教学方法的应用现状等方面。

第一节　高职教育教学方法的概念及应用现状

一、高职教育教学方法的概念

一般来说，教学方法可以理解为实现教学目标的方法和手段。国内学者有以下代表性观点。

黄浦全认为，“在教学活动中，教学方法是引导、调节教学过程的最重要的手段”。李秉德认为，“教学方法，是指在教学过程中，教师和学生为实现教学目的、完成教学任务而采取的教与学相互作用的活动方式的总称”。王道俊、王汉澜认为，“教学方法是教师和学生为完成教学任务而采用的办法，它包括教师教的方法和学生学的方法，是教师引导学生掌握知识技能、获得身心发展而共同活动的方法”。姜大源认为，“所谓的教学方法是基于规则系统的逻辑自我协调的教师传授学习内容和学生实现学习目标的学习组织措施”。这种对教学方法的普遍定义表明，教学方法涉及一系列教与学的行动、组织和实施模式。

国外学者指出，“任何教育方法都是教师采取的一系列有针对性的行动，他们通过这些行动开展提高学生认识的活动，使他们了解教育的内容，这就要求根据教学目标采取不同的教学方法。如教师提问，学生回答；或者学生在小组里互相讨论，然后向全班报告等。在教学情景中，教师和学生的这种围绕教与学而展开的活动谓之教学方法”。

尽管众多国内外学者对教学方法下的定义有所不同，但一致地认为，教学方法受一定的教学思想的制约，受一定教学目的的指导，并有助于目的的实现；再者，教学方法也反映了教学活动不同组成部分之间的内在关系，特别是教师、学生和教学内容之间的关系。

二、高职教育教学方法的应用现状

高职教育旨在培养学生的实际操作能力，培养的是实用型、应用型人才。因此，选对教学方法至关重要。目前据调查，我国大部分高职院校在教学方法的选择和运用上存在以下问题。

（一）教学方法比较单一

许多教师在教学过程中不能灵活运用多种教学方法，大部分时间都在使用同一种教学方法——传统讲授法，即教师通过口头表达向学生传授知识和传递信息。它可以使学生在短时间内获得大量的科学知识或信息，但不利于发挥学生的主观能动性和培养学生的动手能力，学习更多的是学生被动接受知识或信息的过程。而高职教育以学生的能力培养为主，强调的是学生动手能力的培养，其所要求的教学方法有别于一般的普通高等教育或者中小学教育。

（二）教学方法的选择与教学对象不相宜

教与学不能分开。为此，教师必须考虑学生的身心特征、基本水平、学习态度等因素，它们会影响教师对教学方法的选择和运用。与大学生相比，高职学生的知识基础较差，学习热情较低，对理论知识的掌握不牢固，因此，高职院校教师必须结合这些特点，利用多种教学方法来激发他们的学习积极性。目前，一些高职院校的教师，特别是新教师，对此还不了解。他们选择的教学法不适合我们的教学受众，因为他们只是在模仿他们的大学老师。

第二节　高职教育的教学方法选择

一、高职教育教学方法选择的依据

高职教育不同于普通高等教育和基础教育，因此它所采用的教学方法也应与其相区分。

“培养学生生产、服务和管理方面的技能”是高职教育的目标。高职教育的任何方面都必须以这一目标为中心。与传统的高等教育方法不同的是，高职教育更多地侧重于职业技能教育。因此，高职教育应超越普通高等教育，注重提升学习的专业技能。

教学方法的选择应考虑到教师本身的潜力，并应符合教师的具体教学特点。教学方法的选择取决于教师的实际运用能力。如果是实验性教学，则最好采用演示、探索等方式。在选择教学方法时，教师应结合自身的实际情况，切勿眼高手低。

二、高职教育教学方法选择的分类

高职教育教学中有诸多常用的教学方法，如讲授法、任务驱动法、案例教学法等。

（一）讲授法

讲授法是一种传统的教学方法，在课堂上得到了广泛的使用。讲授法是最简单的教学方法，也就是教师口头传授知识的方法。教师在课堂上将重要的理论知识直接传授给学生，为他们的实际应用提供了坚实的基础。

（二）任务驱动法

任务驱动法是指在学习过程中，在教师的指导下，学生围绕一个任务，应用理论知识等学习资源，通过自主探索或协作学习来完成任务。因此，任务驱动法基本上分为四个环节：①创设情境，提供与现实基本一致或相似的情境；②确定任务，任务是与学习内容密切相关的真实任务，目的是让学生学会如何解决一个真实的问题；③实施任务，自学或协作学习，教师不会直接告诉学生如何解决问题，只提供解决问题的线索；④效果评价，包括对学生完成任务结果和学生独立或协作学习的能力的评价。

（三）案例教学法

案例教学法是在教师讲解了、学生掌握了有关的基本知识和技能的基础上，教师根据教学目标和教学内容精心策划，将学生引入特定场景，让学生通过小组合作或者独立思考等方式，提高他们分析问题和解决问题的能力的教学方法。

笔者在上“首饰营销基础”这门课时，就经常采用案例教学法。采用这个教学法的主要原因是宝石专业的学生毕业后主要就业岗位是珠宝首饰营销，而学校不具备珠宝销售企业的真实营销环境。为了解决这个问题，教师就不得不想方设法收集首饰营销企业真实的销售案例，通过案例来验证市场营销理论和营销方法的正确性。

比如在讲珠宝店选址这部分内容时，就选取了一个真实的案例，即宝石专业 2011 届毕业生王志伟自办珠宝店——恒典珠宝。首先让有兴趣的学生利用业余时间，亲自到距离学校 2 站地铁站远的恒典珠宝店，听学长王志伟讲述选址的经历。接着后续上课时，让去过的学生（教师已经事先统计好去过的学生名单）复述他本人与王志伟的交谈内容。再接着，教师就学生们的发言进行点评。最后教师复述王志伟的选址经历和选址成功的关键点。

案例内容如下：王志伟同学在选址方面颇费周折。天津滨江道是天津最繁华的商业步行街，人流量大。王志伟也是按这个思路，先在滨江道的一个商场里租了个柜台，开始销售珠宝产品。由于租金太高，柜台的位置也不是太显眼，结果经营 2 个月后赔本退租了。他决心花半个月时间把天津的珠宝市场都跑个遍，通过访谈各个珠宝市场的有关店主和反复比较珠宝市场租金、交通、人流量、销售品类、产品定价、业务类型、市场配套情况等多方面因素，最后决定在天津的中环国际休闲中心开珠宝定制店，以加工为主，销售为辅。他发现，天津会珠宝加工的人不多，而且加工业务基本都是来料加工，自己投入的资金有限，加工费自己定价的权利大，基本没有竞争，加工价格自己说了算，利润可观。这个市场交通便利，租金低，花鸟鱼虫混业经营带来了大量人流（都是步行者，易形成真实的消费）。开业 8 年来，王志伟同学确实收入颇丰，每年净利润在 30 万元以上，每个月比笔者这个工作快 30 年的老师挣得还多。这个案例让我们知道了选址正确是经商成功的基础。不少商人坦言，其经商成功的秘诀就是“选址、选址，还是选址”。案例教学法实施成功的关键是案例一定要选取得当，有可信度，能引起学生的学习和体验兴趣，并能给他们留下深刻印象和思考余地。

（四）引导提示法

引导提示法的关键在于教师以领路人身份带领学生进行自主探究，通过“收集信息—计划—决策—实施—检验—评价”六个步骤实施。笔者在“首饰评估”这门课中采用了这个教学法。在这门课讲完之后，笔者就给每个学生布置了一个任务——撰写一个完整的首饰评估报告，在这门课结课时提交上来，并给学生们提出了完成这个任务的具体步骤和要求。第一步：收集某件或者某几件首饰的完整信息，建立该任务的资料库。第二步：制订详细的调研计划。第三步：做出评估某件具体首饰的决策。第四步：实施对该件具体首饰的评估。第五步：对该件首饰进行检验。第六步：对该件首饰进行评价，写出该件首饰的完整评估报告，并准时提交给任课教师，由任课教师对学生完成这个任务的质量进行评价。学生在执行这个教学任务的过程中，可以随时通过微信、QQ、电话等信息化手段与任课教师沟通，确保学生本人能顺利完成本教学任务。引导提示法实施成功的关键在于教学任务难度适中，让学生认为自己可以通过自身努力获取各种资源，并最终顺利完成这个教学任务。如果布置的教学任务难度太大，学生就会有畏难情绪，就会导致该任务完成的结果不理想；如果布置的教学任务难度太小，学生又认为太容易，就会出现任课教师对学生完成任务的质量难以区分的情况。

（五）四步教学法

四步教学法就是教学按“教师讲解—教师演示—学生模仿—学生练习”这四个教学步骤进行，即可达到设定的教学目标。笔者在宝石专业“钻石及钻石分级技术”这门课中，主要采用这个教学方法。学生对钻石的鉴定以及对钻石颜色（Color）、净度（Clarity）、切工（Cut）、质量（Carat Weight）（以下简称 4C）分级技术很感兴趣，迫切想知道如何对钻石进行鉴定以及对钻石进行 4C 分级。

为了满足学生们对钻石鉴定及钻石分级技术的旺盛求知欲，专门开设了 6 个实训项目：钻石的鉴定、钻石颜色分级技术、钻石净度分级技术、钻石切工分级技术、钻石质量分级技术和钻石 4C 综合分级考试。每进行一个实训项目前，都要准备好本实训所需的钻石标本、鉴定或者分级工具、酒精等消耗材料，然后正确地对实训内容进行演示。为了确保实训效果，先把参加实训的整班学生分成五组，然后一组一组地单独演示；接着每组学生再各自进行模仿，最后再对非演示样品进行检测，达到举一反三的效果。四步教学法实施成功的关键是任课教师一定要准备充分，演示一定要出现正确的结果，不然就让学生看笑话了。

（六）教学做一体教学法

教学做一体教学法是目前高职教育实践教学中普遍采用的、整个过程都在实训室中进行的“做中教、做中学”的教学方法，其核心目的是培养学生的职业技能。由于学生技能的习得必须要有基本的实践教学设施和设备，也需要一定的练习时间。笔者在“玉雕”这门课中采用了此教学法。为了让学生习得雕刻玉石的技能，这门课全部教学学时都在实训室完成，以大理石玉豆型雕刻项目为教学载体。这个实训项目用到什么理论知识就讲什么，用不到就不讲，把更多的教学课时留给教师对大理石雕刻技能的演示，以及学生的模仿和练习。

教学做一体教学法实施成功的关键在于要有必要的实训条件作为实训项目实施的保障，教师本人必须要有扎实的实训设备操作技能，既会说也会做，只有做得效果不错，才能让学生满意。

（七）头脑风暴教学法

头脑风暴教学法就是无限制地自由联想和讨论，其目的在于激发创新设想。该方法包括六个阶段。

第一阶段：准备阶段。先对所议问题进行一定程度的研究，找出一些问题，拟定想要达到的目标。与此同时，要选定相关参会人员，人数限定为 5 ~ 10 人比较合适。

第二阶段：热身阶段。让参会者进入一种言论自由的状态。主持人（教师或者学生小组组长）宣布开会，先说明会议规则。

第三阶段：发现问题。主持人概述需要解决的问题。演示时不要提供太多信息，以免干扰与会者自由流动的思维，然后大家开始畅所欲言。

第四阶段：重新陈述问题。经过一段时间的讨论，我们对问题有了一定程度的了解，这时，为了让大家有新的思路，主持人把大家的发言记录下来，并进行整理。

第五阶段：畅谈阶段。为了使大家畅所欲言，重新制订发言规则：要求大家不要私下交谈；每个人只发表自己的观点，不评论他人发言；每个人每次发言要简单明了，只谈一种见解。

第六阶段：筛选阶段。会议结束一定时间后，主持人应向与会者通报会议结果：大家提出的新思路有哪些？最后确定的最佳方案是什么？比如，可以在

“首饰营销基础”课程中尝试采用此方法。第一步：以班为教学单位，每个班分成 4 个小组，每组 8 人左右，让每组学生选一个组长作为头脑风暴法会议的主持人，讨论目前最佳的首饰销售模式是什么？每组自行开展讨论并记录下讨论结果，形成本组的解决方案。随后以班为单位上课时，让班长做主持人，以小组为单位进行本组方案汇报，最后让班长汇总出本班的解决方案。第二步：以年级为教学单位，任课教师做主持人，让三个班的班长汇报本班的解决方案，任课教师形成本次教学任务的解决方案。

（八）体验式教学法

体验式教学法是一种以“学生体验”为核心的教学方式，强调以学生为主体，以教师为主导，以实践教学为主要教学内容。目前，每个学生都有手机，每天都在用手机，手机让学生“着魔”了。究其原因，手机的使用，让学习时间碎片化、学习内容可视化，突破了日常教学对学生求学活动在时间和空间上的限制，手机让学生们体验到了各方面的乐趣。因此，我们任课教师，要充分利用手机助学，紧跟时代步伐，让自己与学生有“共同语言”。

比如，可以在今后的“钻石及钻石分级技术”课程教学过程中，先自己录制好钻石肉眼鉴定、钻石仪器鉴定、钻石颜色分级等教学内容的微课，把它们放在天津职业大学教学云平台“钻石分级技术”课程资源库上，可以在实训课开课前，让学生们用手机登录云平台进行自学。上课过程中，可以让学生自己录制整个实训过程，然后传送到“钻石分级技术”课程资源库，任课教师可以利用多媒体设备将学生刚上传到资源库的视频进行投屏放到大屏幕上，教师和学生都可以对上传资源的学生的实训操作进行现场检测、评价与修正。

另外，也可以开发“钻石成因”的虚拟仿真课件，以虚拟仿真方式再现钻石形成的“场景”，让学生们体验到钻石形成和开采的不易，比较直观地理解钻石珍贵的原因。由此可以看出，手机等信息化工具的使用，可以满足学生多样化的学习需求，让因材施教成为可能，让每个学生都能体验到学习的乐趣。

（九）互动式教学法

互动式教学法是指让师生之间、生生之间进行交流与互动，注重在交流过程中培养学生的自主学习能力和主动学习意识的教学方法。常见的形式有课堂讲授、作业辅导、举办讲座和小组讨论等。

互动式教学能够充分利用各种教学资源，及时提供反馈，让学生更积极地参与教学，给修正和扩展学习内容创造了更多机会。但是，互动式教学在利用资源方面有一定局限。例如，在同一个场所同时所教的学生人数要比叙述式授课方法少许多，因此互动式教学需要更多的师资、教室、音像设备。如果一个教师同时教几个班级相同的科目，科目程度也相同的话，需要重复教学。从教学资源角度来说，互动式教学效果甚微，但绝大多数教育工作者认为，这一点不足之处完全可以被学生的学习质量和师生间互动的关系所带来的益处抵消。

三、优化高职教育教学方法的有效途径

（一）引入多媒体教学方法

多媒体教学的主要特点是课程内容非常生动和具体。许多抽象的理论知识被转化为一个直观的实体，使学生对学习更加感兴趣。多媒体教学方法的引入也极大地提高了教学效率。

例如，在讲解旅游文化课程时，可引入多媒体教学，穿插一段民族音乐、舞蹈等，让书本上的知识形成生动的画面；再如“建筑文化”这门课，讲到长城时，可播放一些与长城有关的歌曲以及视频，这样可以很好地吸引学生，对教学效率的提高有很大的帮助。

（二）注重实践教学

教师必须集中精力在课堂上将实践课程与理论课程相结合，为学生提供实践机会，以更好地解决生活中的实际问题。例如，针对专业技能课程应开设一些实验课，以帮助学生更好地理解理论知识，并列出任务让学生进行实操。

（三）师生在课堂上及时沟通

高等职业教育的教学方法对于提高学生素质和促进学校发展具有十分重要的意义。教师采用课堂讲授的教学方法时，如果在讲课的速度和内容上完全忽略学生的感受，那么这种课堂教育的效果将很差。授课时，教师不应独自讲话，应及时与学生沟通，使他们明晰自己不了解的内容和有疑问的地方。在课程设计中，教师必须充分考虑学生的思想和接受程度，课程结束后，教师必须要求学生做总结，以便对他们进行指导。

（四）教学方法的选择要符合学生的实际水平

高职教学方法的选择主要根据学生的实际水平，包括知识水平和技能水平。

教师必须充分了解学生的实际水平，并选择适当的教学方法。对基础知识有扎实理解的学生应注意培养独立学习的能力；对于学习能力和基础较差的学生，应采取案例教学法，以培养学生的学习热情。

总的来说，改进高职教育教学方法是提高学生素质、保证学校健康发展的有效途径，因此有必要结合学生的特点，引进先进的教学方法，积极优化教学，提高教育质量。

第四章　当代高职教育教学模式的重构

教学过程要想有效、教学改革要想发展必须对教学模式有正确的理解与合理的运用。只有解决了教学模式的问题，课堂教学的结构、次序等问题才能迎刃而解，教学目标才能如期达到。因此，着重探讨高职院校专业课程的教学模式显得尤为重要。本章分为高职教育教学模式的内涵重构、国外高职教育的先进模式集萃、高职教学模式与当代教育技术的结合三部分。主要内容包括现代教学模式内涵概述、当代教育技术概述等方面。

第一节　高职教育教学模式的内涵重构

一、现代教学模式内涵概述

（一）模式的概念

很多研究者对“模式”的概念和功能有不同的阐述。模式是事物存在的一种形式，是从整体了解、把握某事物的一个角度，对于理解事物的内部构造和该事物与其他事物之间的关系具有很好的作用。模式不仅仅是一种样式或范式，它还是一种重要的科学思维方法，为我们认识问题以及解决问题提供了一条有效途径。由于模式研究法与其他研究法相比具有简略性、类比性、假定性等优点，模式研究法在现代科学研究中得到了广泛运用。借助模式，人们能够更加全面地了解事物的本质，充分认识事物发展的规律，发挥逻辑思维的力量，从而更进一步地认识自然和社会。模式是理论通往实践的桥梁，模式的构建，使理论与实践紧密相连，它是一种处理理论与实践脱节的方法，使理论真正指导实践工作。

（二）教学模式的概念

“教学模式”这一词语，在我国出现在二十世纪八十年代，是教学论领域的一个重要概念。通过将“教学模式”概念引入，我们认识到丰富多彩的课堂教学结构的重要性，对“教学模式”的研究也逐渐成为教学论研究的热点问题。但是，由于学术背景和学科的不同，教师和研究者对“教学模式”的理解也不尽相同，因此，对高职“教学模式”进行研究之前，有必要对“教学模式”的相关问题进行阐述，使研究建立在同一平台上。

（三）教学模式的特性

随着理论研究的深入和教学实践的发展，出现了多种多样的教学模式。尽管教学模式呈现出了多样性和层次上的差异，不同的教学模式仍然具有一些共同的特性。

1. 操作性

一方面，教学模式总是从某种特定的角度、立场和维度来揭示教学的规律，比较接近教学实际且易被教师理解和运用，因而具有操作性；另一方面，教学模式的建立不是为了空洞地思辨，而是为了让教师去把握和运用，因此它必须有一套操作的程序和系统。

2. 发展性

教学模式不是固定不变的，而是发展变化的。这并不是否定某个教学模式提出和建立起来后，具有相对的稳定性。作为一个系统，教学模式不是封闭的，而是可以根据教学的实际情况，加以灵活地调整，使模式中的诸因素优化地发挥其功能。教学模式的诸因素要不断吸取新思想和新技术，从而不断改进，日趋完善，符合时代的需求。

3. 整体性

教学模式不只是表现和反映教学过程的一个方面或本质上的一点，而是揭示了教学过程中诸因素之间的动态联系，从全局上把握教学过程的始末，因而具有整体性的特点。

4. 简约性

教学模式的结构和操作体系，多以精练的语言、象征性的图形和明确的符号来概括和表达教学过程。教学模式不是特定教学过程中的具体经验，在其形成过程中只反映核心与本质，这就使教学模式摆脱了具体经验所具有的局限，既能使那些零乱纷繁的实际经验理论化，又能在人们头脑中形成一个比抽象理论更具体、更简明的框架。

5. 多样性

课程模式多样化的依据主要有以下三方面：第一，同级同类学校及其课程所处外部环境的多样性；第二，学生发展倾向和发展水平的多样性；第三，社会职业选择的多样性和复杂性。课程模式多样化是与课程模式的标准化、划一化相对应的。多样化意味着打破僵化的、单一的课程模式，突出课程模式的个性化和多样性。值得注意的是，课程模式多样化不仅指各级各类学校的课程应有所不同，更主要的是指同级同类学校的课程应多样化。

二、高职教学模式内涵概述

（一）高职教学模式的概念

尽管“教学模式”这一概念经常见诸论文和论著中，但研究者对教学模式有着各自不同的理解和表述。在教育领域中，学者普遍认为美国学者乔伊斯和韦尔等人在其著作《教学模式》中最早提出了“教学模式”概念，他们认为教学模式是指导教学活动的一种范型或计划。基于此，高职教学模式就是一种指导高职教学活动的范型。

（二）高职教学模式的构成要素

教学模式的构成要素应该具有不可或缺性、不可替代性。张旭翔等人认为高职教育的教学模式主要包括岗位能力体系分析、课程结构设计、教学手段和方法、教学效果评价等内容。林英等人认为高职工学结合教学模式的构成要素包括师资、教材、教学方法和实训条件。稳定、优化的教学模式其构成要素要具备系统性和整体性。系统性是指运用系统的观点协调教学模式各要素之间的关系，“传统的教育理论，多半是强调了一些要素又忽视了另一些要素”。因此，在教学模式构建过程中，应对在教学活动中出现的各个要素进行系统的分析，并协调各要素间的关系，使其能够达到预定的教学目标。基于以上特点考虑，高职教学模式的构成要素包括理论基础、工作能力目标、实施程序。因此，从相关高职教学模式的文献综述中可以看出，我国对高职教学模式的研究还有待进一步深入。主要存在的问题如下。

第一，理论基础模糊。在对现有高职教学模式做一番梳理之后就会发现，高职教学模式普遍缺乏理论基础，没能从一定教育理论出发构建教学模式，因而也没有明确的目标导向。大多数教师只是在教育教学实践的基础上总结出了一些教学方法，还不能称其为系统的教学模式，缺乏生命力和可持续发展性。

第二，概念界定不准确。通过研究发现，很多教师没能正确理解教学模式的含义，将教学模式与教学方法、教学策略等混为一谈，对教学模式等诸多教学理论概念缺乏正确的辨识，使对教学模式的研究在错误的道路上越走越远。

第三，教学目标不明确。教师在使用教学模式时，没有明确的教学目标，只是为了“教”而“教”，没能将学生今后的持续发展与当前的高职教学有机结合在一起，不能有意识地选择有目的性的教学模式，即不能根据教学目标选择教学模式，教学模式的运用缺乏目的性，使教学模式的使用流于形式。

（三）确定高职教学模式的原则

要正确选择教学模式，建立与教学目标和内容相融合的教学结构和程序，应当考虑以下十个方面。

①教学模式的选择要因学科而异。不同专业课程，甚至相同专业课程的不同阶段，都有其自身特点，建立教学模式要充分考虑其特征。

②教学模式的选择要因课程内容而异。同一专业不同的教学内容分属不同的门类，教学结构及程序的安排要兼顾于此。

③教学模式的选择要因学生而异。教学模式的建立要通过与学生的多次磨合才能完成。一些教师看到别人在公开课上采用经典的教学模式，觉得自己也能够熟练运用，不料放到自己班上结果却大相径庭，这都是没有对本班学生的已有水平、学习习惯、结构特点进行有机结合的结果。

④教学模式的选择要因教师而异。结合教师自身的优势，逐步形成有鲜明特色的教学模式，这里主要体现在教师把自己也当作教育资源，设身处地地参与教学实践过程。

⑤教学模式的选择要因教学资源而异。不同的学校其硬件设施不尽相同，软件环境也千差万别，教师只能依托身边已有的教学资源进行教学设计和教学实践，而不能超越这一条件。

⑥传统的教学模式必须向前发展和改进。传统的教学模式也有自己清晰的流程，其课堂流程是组织教学、复习旧知识、传授新知识、巩固所学、布置作业。应当说，这是一种简单而有效的教学程序，在传统教育时代发挥着重要作用，至今也还可以在一些情况下采用。面对不断变化的高职教育形势及社会对人才的需求，就需要深入反思传统教学模式的优劣，建立适合新课程的教学模式，并在运用过程中加以改进。

⑦教学模式的重点是结构与程序。教学模式有两个关键词：一是结构，二是程序，前者是说一堂课的教学包括哪些方面的内容，后者是指这堂课的教学先做什么，再做什么，最后做什么。从何处入手来考虑教学模式的结构呢？最简单的方法，就是从专业课程提出的三维目标着手，即知识与技能、过程与方法、情感态度与价值观。在当代，教学过程与方法的选择是立体互动的，主要有探究式学习、合作式学习、自主式学习、体验式学习等方式，具体的操作要因时制宜，灵活选用。

⑧教学模式应该百花齐放，同时要防止模式化。建立专业课程的教学模式是十分必要的。一方面，尽管专业课程的教学模式并没有标准答案，但一定要符合教育规律，从课堂教学的结构和程序上入手。这样，不同课程、不同条件下的教学模式又出现了差别，可能呈现出不尽相同的方式，但最终都殊途同归，异曲同工。另一方面，专业课程教学模式的建立又要防止矫枉过正，避免出现模式化。因为模式化意味着千篇一律，一成不变，表现为对流行的教学模式生搬硬套，机械模仿。

⑨教学模式应适应当代高职教育的发展趋势。高职教育面临着许多新挑战、新机遇，教学模式要顺应其发展的大趋势而转变与创新。因此，现行教学模式必须在以下方面进行转变：从教师本位向学生本位转变；从独白式教学向对话式教学转变；从封闭式教学向开放式教学转变；从传递接受式教学向以引导探究为主要特征的多样化教学转变。

⑩教学模式是需要不断完善的。尽管教学模式在不断改革，但仍存在不少问题，有待深入研究。例如，在教学模式的定位问题上，有人将其定位于理论层面，有人将其定位于操作层面，也有人将其定位于理论与实践的中间层面等。

三、高职教学模式的主要类型

人们考察和认识教学模式的角度不同，所依据的分类标准不同，就会产生不同的分类。因而，教学模式的分类只是相对的，而不是绝对的。教学模式是多样的而不是单一的，是充实的而不是空洞的，是动感的而不是静止的。可归纳为以下九个类型。

（一）项目教学型

将来自真实生产、经营、管理过程的项目或者虚拟项目作为教学内容，层层剖析，逐步深入，循序渐进。项目教学型的特点是生动具体，注重细节，过程完整。

（二）案例探析型

为了更好地掌握教学内容，教学可选取一些经典案例进行探讨分析，学生人人都可参与，观点碰撞，集思广益，生动有趣。实际上，这样的教学模式能让学生学到更多的东西。

（三）智力激励型

智力激励型旨在使学生在发现探究方面有所表现、有所收获。在教学实施时，针对教师提出的课堂教学主题，学生可以不受约束，自由阐述观点，有利于加深对问题的理解，促进教学效果的强化。

（四）资源整合型

在这种教学模式中，教师相当于导演，按照教学计划的内容需要，将可以调动的人力、物力等资源有机地组合使用，以求充分展示教学主题。其中，要特别注重对学生的调动，使学生既是学习者又是创造者。另外，就是要注重对现代信息技术的应用，以求推动教学现代化的进程。

（五）分组合作型

分组合作型是指把学生分成若干小组，每组的成员围绕着教学内容进行集体理解、消化，注重自助与互助相结合，注重个人表达与集体讨论相结合。分组合作型尤其强调学生的主体性和主动性，教师则起到辅助指导的作用。

（六）模拟演练型

国际上流行的“模拟公司”教学就是此种类型的体现，一般需要专门的教学软件支持。按照此类型的要求，每个学生都扮演一个企业部门人员的角色，承担相应的岗位职责，遵循生产经营流程规则，参与动态的、复杂的、持续的企业运作活动。这种教学模式教学效果显著，具有真实性、实战性、趣味性，深受师生喜爱，但因受到软件的限制，应用面不广。

（七）问题引导型

问题引导型是指根据所讲授的课程内容寻找现实的问题，并由此问题入手逐步推进教学环节，教学贴近实际，使学生看得见、学得会、用得上。

（八）主体操作型

主体操作型是指教师按照教学内容设计教学过程，学生作为教学的主体可以自己直接操作，边干、边练、边学，做到了将理论与实践有效结合。这种类型非常符合实训教学要求。

（九）现场教学型

现场教学型指的是学生直接到企业进行实习，教学场景就是生产或经营第一线，学生可以参观学习，最好是顶岗实习。正因如此，学生不仅能加深对专业理论知识的认识，更重要的是其职业综合素质得到了提升，对顺利就业具有积极的意义。

第二节　国外高职教育的先进模式集萃

一、北美的 CBE 模式

（一）CBE 模式的概念

CBE 模式也叫能力本位教育，是近些年主要流行于北美地区的职业教育模式。这一模式在职位或岗位需求的基础上，以对学生的培训为核心内容，通过增加其知识、技能、行为观念进而达到企业岗位用人的能力标准。这种模式要求以学生为中心，并能保障资金的投入，它不受时间与地点等条件的限制。“CBE 模式的最大特点是整个教学目标的基点是如何使受教育者具备从事某种职业所必需的能力，其目标具体，针对性强。” CBE 模式对于职业性与实践性的要求较高，是学生能够完成从学校的理论学习到实践学习再到职场工作转变的重要桥梁，与职业技术教育的教学任务与人才培养目标紧密结合，无缝对接，作为一种新的职业教育理念，既强调对于理论知识的掌握，又更加注重实践技能的提升。

（二）CBE 模式的特点

CBE 模式最鲜明的标志与特点就是能够完全确立以能力为基础与本位的发展目标，能够从岗位的基本需求出发，保障了公司与企业的根本利益。学校的培养目标与教学任务也是根据社会的需要确立的，能力本位成了共同的价值取向，这为 CBE 模式的建立奠定了基础。CBE 模式对我国的传统教育观念具有重大的冲击，与我国以知识为基础、以学科为本位的传统教育模式矛盾。CBE 模式对协调教师与学生之间的关系有着重要的作用，其有着严格的制度化管理规则，能够有效组织整个教学活动。教师的教学考核主要来自学生的信息反馈；也可根据学生的具体要求提出改进教学活动的意见，以便能够因材施教，满足学生的受教育需求。CBE 模式对于教学系统的设计以充分做好对社会需求与企业岗位能力的分析为前提。CBE 模式采用个性化的学习方式与科学化的管理手段，并结合系统的教学评价制度开展实践教学活动。

二、德国的“双元制”

（一）德国“双元制”的概念

德国的“双元制”也是一种职业教育制度，它源于中世纪手工行业中的学徒制，后来逐步发展为学校培训制度，德国《联邦职业教育法》的颁布为“双元制”的制度化与法制化发展奠定了基础。“‘双元制’职业教育制度，本质上是一种工读交替的学习培训制度。它将学生在企业中的实践操作和在职业学校中的理论知识学习交叉进行。”“双元制”实际上就是将学校的理论教学与企业实践教学相结合的一种实训制度，是集理论化与实践化于一身的重要方式。

（二）德国“双元制”的特点

其一，在“双元制”的教学模式下，被教育对象具有双重身份。从学校角度讲是接受实践教育的学生，从企业角度讲是在企业接受培训的学徒，这就意味着被教育对象在实践培训过程中既是权利的享有者又是义务的履行者。德国职业教育的相关法律规定，“双元制”下的学生可享有接受知识与技能培训、接受培训资助、自谋职业等多种权利，同时也必须履行承担学校与企业布置的相应任务，接受企业的相关规定等义务。学生在接受培训之后能在社会中发挥重要作用，对学校办学质量与知名度的提升也具有重要作用。

其二，“双元制”具有双向的师资供给与教学原则。在“双元制”的教学模式下，企业的相关工作人员作为学生的实践型教师，主要向学生传授尖端的专业技能，为学生进行操作性示范，指导学生系统、有序地开展实践工作。而职业学校中的教师主要负责对学生进行理论教学，主要以传授普通文化知识与专业理论知识为主，以提升学生的文化底蕴。另外，“双元制”同时兼具两套教学原则。一是企业的培训章程，在校外的实践教学活动中学生必须严格遵循企业的培训规章，按照企业设定的培训方案与实习计划有序开展专业实践活动，不断地适应职场的相关要求，在培训中完成由学校到社会的有效过渡。二是学校的教学计划，企业在制订相应的规章之外，也严格遵循学校制订的教学计划，“双元制”是一种职业培训制度，具有教育活动的性质，促使校外实践教学遵循教育规律，把学生的主体地位放在首位。

其三，“双元制”将企业、高校、社会紧密连接在一起，促进高校人才培养、企业职员培训与社会岗位工作形成了协调发展机制，有效地解决了就业问题、人才短缺的问题，同时也完成了学校的人才培养任务。

（三）德国“双元制”的优势

德国“双元制”的诸多特点促使其在促进社会发展、满足企业用人需求、提升学校人才培养质量与解决学生就业问题上做出了重要贡献，其具有如下几大优点。

1. 能够充分发挥企业与学校教师资源互补的优势

在“双元制”的职业教育中，企业能够专门提供擅长职业技能培训的教师负责学生的职业培训工作，而学校具有充足的理论型教师，能够全面地提升学生的文化水平，两个组织的紧密合作起到了优势互补的效果，最终达到共赢的状态。高职教育也是要求理论性与实践性兼备的一种教育，这种“双元制”教育模式对高职教育提升实践教学能力，弥补自身实践性不足的缺陷具有积极意义。

2. 促使理论教学与实践教学交替进行

“双元制”职业教育要求学生在接受理论教学后，马上利用所习得的专业知识，在实践教师的指导下进行实践训练。学生既能够将所学的理论及时应用于实践，加深对理论知识的理解，同时又能够拓宽视野，获取直接经验。

3. 有利于及时更新科技信息

传统的理论化教育注重书本知识，将前人总结的经验进行加工与整理后，间接性地传授给学生。然而，随着社会科技的日新月异、行业状态的千变万化，与其相对应的专业理论教学内容由于受到教学方式与教学制度的限制，难以适应社会的发展。“双元制”职业教育通过校企合作、理论与实践教学相结合，能够妥善克服这一弊端，学生在实践教学活动中能够接触到社会的新科技，了解社会的新形态，并与传统的理论知识融会贯通，专业技能能得到显著提升，这一优势也恰好符合高职教育实践教学活动开展的要求，能够克服传统教育模式的弊端。

4. 有利于学生尽快向社会过渡

“双元制”职业教育的又一重大优势就是能够在实践教学活动中促使学生适应社会工作环境，了解社会岗位的工作需求与基本原则，使其明确“学生”角色与“劳动者”角色的差异，能够为学生快速、平稳地步入社会工作岗位奠定制度基础。

三、德国“模拟公司”实践教学模式

（一）德国“模拟公司”的概念

“模拟公司”起源于二十世纪的德国，是专门提供仿真经济活动环境，以提升员工实践能力的培训模式。在二十世纪五十年代的德国，当时的社会劳动者渴望自身素养与技能的提升，但又不想重归学校接受传统式的理论教育，在这种迫切需求下，“模拟公司”的实践培训方式应运而生，并且得到了迅速的推广，这种方式也叫作“商务模拟公司”，主要表现为模拟仿真与实训教学两种形式。二十世纪八十年代，“商务模拟公司”传入我国，得到了大众的认可与推广，逐渐从经济学领域扩展到其他各专业领域，有效地满足了社会工作者对于技能提升的需求，随着这种模式的推广，被培训对象也逐渐延伸至高校学生，这对于高职教育实践教学基地建设是一个很好的借鉴。

（二）德国“模拟公司”的教学特色

“商务模拟公司”实际上也是以能力为本位的社会职业培训制度，以导向性与职业性为基本原则，注重从实践培训中获取直接的、感性的知识，注重在实践中运用理论，将掌握知识与获取技能有机融合。

“商务模拟公司”存在多种构成要素，彼此相互关联成为有机的运行系统。“商务模拟公司”作为一种实践性教育培训单位，首先具备的因素就是被培训者，正是被培训者的现实需求的存在，才促使“商务模拟公司”的出现、随着社会分工的细化与实践能力要求的提高，被培训者的群体范畴越来越广泛，从传统的社会普通劳动者逐渐扩展为在校学生等多种群体。指导教师是“商务模拟公司”的又一重要因素，在教育教学活动中起到引领作用，要求教师既具备深厚的理论素养，又具有指导实践教学的能力，并且具有丰富的经验。培训内容是“商务模拟公司”运作与发展的助推器，培训内容的科学性直接影响着“商务模拟公司”的教学效果，决定其在市场中的地位。培训内容是根据国家职业培训条例确立的，结合社会需求情况、个人兴趣、企业的用人需要等进行科学的筛选。公司、企业或不同组织的合作者是“商务模拟公司”的构成主体，这一形式的社会培训组织是基于一定的组织平台建立起来的，这个平台可以是公司或企业等单独个体，也可以是公司与高校的合作者，只有在实体单位的基础上才能构建出“商务模拟公司”，才能赋予其真实的价值。

“商务模拟公司”之所以在德国乃至整个世界得到迅速推广是源于其鲜明的特征与广泛的适应性，能够在满足社会用人需求、增加企业利润、解决社会发展矛盾等问题上发挥重要作用。

首先，“商务模拟公司”在发展目标上以职业性为主要原则，公司的出发点始终以增强被培训人员的职业能力为导向，以培养更加职业的职业人才为目的，以适应社会职业工作的需要。

其次，理论与实践相结合是“商务模拟公司”作为实践培训基地的基本特征，体现出“学以致用”的意义，在保障充足的资金投入与师资投入的基础上，保障“商务模拟公司”的“学”“用”贯通。

再次，“商务模拟公司”在处理师生关系的问题上建立了有效的沟通机制，通过制度性的评价与反馈制度将教师与学生紧密连接在一起，变松散的教学组织关系为牢固的合作伙伴关系，并且在融洽的关系中达到互助共赢的状态。“商务模拟公司”在妥善处理教师与学生关系的同时能够保障教师与学生在实践教学中的主体地位，赋予其一定的决策权与管理权，保障了教学活动中各主体的平等性，充分保障了教育对象的权益。

最后，“商务模拟公司”有着较好的市场运行状态，拒绝垄断，强调自由竞争与公平交易，给受训者充分的弹性选择空间，以致能够接受适合自身的实践教学方式。

四、新加坡“教学工厂”教学模式

（一）“教学工厂”教学模式的优势

“教学工厂”作为一种新型的教学模式，它有许多值得我国借鉴的地方。在这里将从分析它的运行方式和结构出发，详细阐述它的优势。

1.“教学工厂”的主要运行方式和结构

（1）主要运行方式

当前高职学校在实施“教学工厂”教育模式的时候通常用以下两种方式与企业进行合作。

①独资“教学工厂”。顾名思义，由学校独立出资建设工厂，但是这类工厂的重心是教学而不是生产，独资“教学工厂”主要承担的是学生的教学和校内实训，而这类工厂本身就是生产级实训室，在提供实训的同时，以学校老师团体为主体加带优秀学生进行项目的承接，能够做到收支平衡即可。这样既为

学校节约了开支，又让学生真正地走上了工作岗位，而不是只待在实验室里做实验，以任务的形式提高学生的主动性与认真的程度。通过这种模式，学校真正做到了把消耗性实训变为生产性实训。

②合资“教学工厂”。合资工厂的建设主要由企业和学校共同出资，由多方主体共同参与，并且双方共同成立董事会，明确董事会下的各个职务责任，形成新的公司，真正做到把工厂搬入学校。这一类的“教学工厂”主要以盈利为目的，同时为学生提供实训机会，招聘时优先考虑该校学生，所有制度都借鉴企业里的，同时所有盈利都按照股权分配。

（2）组织结构

无论工厂多么真实，“教学工厂”的首要任务永远是教学。而如何在教学和生产这两个看似矛盾的问题上找到平衡点则是“教学工厂”的关键。为了能够很好地协调各方面的矛盾，一个合理的良好的组织结构是必不可少的。良好的组织结构能够使“教学工厂”教学模式更好地运行下去。

学院高层成立理事会，学校和企业双方都均有代表参与，由学校各个系部主任和企业部门经理组成的实训管理中心负责对学生实训进行监控和把关，接下来，由成立的实训训导小组的组长、副组长对学生们的实训和企业的项目生产进行安排，合理有效地让工厂在学生实训的过程中还能够进行企业所接项目的生产。而每一个部门或者小组的建立都应当由学校和企业共同参与，双方都应当有代表进驻。同时，一个学校可能有很多个工厂，每一个工厂都应当按照这个结构成立这么一个理事会进行管理。而学校在理事会之上应当有一个校企合作的办事中心，专门负责与各个企业沟通以及全局的把控。

具体来讲，总经理就是各个教学工厂的负责人，而实训管理中心则承担学生实训的管理任务。在生产的调配上，分项目、分岗位，让学生从观岗、顶岗阶段，一直到最后的替岗阶段都能够进入工厂，感受最真实的工作环境。而企业方面则负责与外界接触选取项目，以工厂的盈利为目标，同时要符合工厂的生产能力，尽可能为工厂带来更多的利益。

进入校内工厂实训的学生，应当以小组为单位采取了行动，不同组进行不同的实训，一定时间后再换，让学生能够在每个岗位都得到锻炼，让学生熟悉生产的每一个过程。最后采取项目法的方式进行全组考核和测评。

2.“教学工厂”的价值与优势

（1）“教学工厂”的价值

“教学工厂”对于学校和企业来说一定是一个双赢的教学模式，区别于别的教学模式单纯地让学生进入企业进行实习，这样做只会给企业增加负担，企业有时候是不愿意让学生进入企业进行实训的。所以很多学生的实训过程其实就是打杂收拾东西。而“教学工厂”则很好地解决了这一问题。它一方面提供了实训基地给学生，同时，由于工厂的大部分劳动力是学生，所以也为企业节约了很大一笔生产成本，而培训学生上岗的职责又是属于学校教师和部分企业师傅的，所以也为企业节约了一笔新员工的上岗培训费用。同时，企业在学校建设校内工厂的时候，也享受了政府的扶持与各种优惠。所以在工厂的建设成本上企业得到了好处。

对于学校来说，“教学工厂”的出现，告别了以前需要到各个企业奔走去求实习名额的低姿态，现在双方更加平等地合作，提升了学校的地位。而在学生管理方面，教师不用再企业、学校两地跑，学生在学校里就可以实训，学生的安全也有了保障。而学校老师的在职培训更是可以在工厂里面完成，更加方便了学校的管理和安排。老师对学生的指导更加细腻，更为直观。学校对学生的实训情况了解得更加及时。这些都是别的教学模式所无法给予的。另外，学校通过校内工厂创收，而且将原来的消耗性实验转换为生产性实验，这其中可以产生一大笔节余和收入，而这些使得学校可以有更多的资金投入教学设备设施建设方面，这便是一个良好的循环。

（2）“教学工厂”的优势

“教学工厂”教学模式对于学生来说更是一种全新的、更为有效的教学模式，“教学工厂”的产生，让从未接触过岗位的学生在刚一进入学校的时候就能了解自己今后的工作环境和技能需求，让学生真正地从大一刚一进校就开始慢慢地进行身份转变，不断适应职业人这一新的身份。

同时，校内的实训让学生能够更加及时和方便地得到老师的帮助，企业的师傅和学校的实训老师都会在校内工厂里对学生进行指导，不能说一对一，但是较之传统的校外实训，师傅并不愿学生来打扰自己的工作，更多的是把最简单的工作交给学生，而“教学工厂”使学生能得到老师更多的关注。也因为学生是工厂生产主力的一部分，学生可以并且必须参与生产，而不是坐在一旁看。这些优势都是校外实训或者别的工学交替的教学方式无法拥有的。

传统的校企合作模式更多的是将实训抛给了企业，学校因为各种因素无法及时且准确地给予学生帮助，而新的“教学工厂”教学模式则是彻底解决了这一问题。工厂搬到了校内，学生在课上学习到的知识能够第一时间在实验室里进行实践，进行练习，虽然说这些东西都可以在实验室里完成，但是在实验室里和在真正的工厂里进行操作给学生带来的一定是完全不一样的体验。而整个学期采用的项目教学法，则是让学生熟悉了整个生产过程。学生在整个三年的学习过程中，不断地在校内工厂中进行试训，随时都是一种真实的工作环境，这大大缩短了学生从毕业到上岗所需的适应时间。

（二）“教学工厂”模式的应用缺点

当前我国有许多院校逐渐开始实施“教学工厂”教育模式，并且结合我国国情在实施的过程中不断改进，使之成了一个适合我国高职教育的教育模式。在这条道路上，四川工程职业技术学院取得了不错的成绩，但抛开成绩，依旧存在不足。

1.“教学工厂”模式实施的主要问题

“教学工厂”教学模式在四川工程职业技术学院得到了比较好的推行和发展，也取得了较好的成绩。通过访谈和调研，我们可以发现以下问题。

（1）“教学工厂”引入的问题

当前，普通的“教学工厂”参与到教学中更多的是为学生提供一个实训的基地，同时尽可能地降低学校的教学成本。在这一前提下，普通的“教学工厂”一般通过以下几种方式实施具体的实践行为。

①“教学工厂”是学校内部的实训基地，让学生亲自参与学校工厂里的工作，什么时候参与、怎么参与，这些都因学校的不同而不同。但是大多数的学校都采取的是，学生从大三开始进入工厂实训，以员工的身份参与工厂的生产。而学生在大一大二期间，很少有机会能够进入工厂。

这一种方式的缺点在于，并没有体现出工厂在学校里面的优势，只是单单地让学生进入学校的工厂进行实训，那样和在外面的企业顶岗实习并没有什么区别，甚至不如在外面企业来的真实。同时，仅仅让大三的学生进入校内工厂进行生产，效率也很难保证。许多学生在之前并没有进入工厂操作过，很多东西都不熟练。尽管有老师傅带着做，但是毕竟师傅的精力有限，不可能照顾到每一个学生。在学生不熟悉的情况下，突然就直接进入工厂进行实打实的工作，学生很难适应，最终导致的是学校内部的工厂生产效率低下，出错率高。这种方式一定不是企业与学校愿意看到的。这种参与的方式在笔者看来，并不是真正的教学工厂。

②“教学工厂”是学校内部的实验室，让学生的实践课都在“教学工厂”里面进行。学习采取这种方式的初衷是让学生真实感受到工厂里面的情况，就连实验也是在工厂里面进行。表面上看来，学校做到了让学生体验最真实的工作环境，让学生随时都置身于工厂之中。

但这种方式的缺点在于，在实验课上，学生的主动性较差，做出来的东西并不能作为产品出售，占用了工厂的车间却不能够完成车间的任务，耽误了工厂的整体生产效率，反而并没有实现为学校减轻实验成本的功能。这种方式仅仅只是把原有的实验室换了一个地方而已，并没有真正地结合“教学工厂”这一天然优势。

③“教学工厂”就是学校内部的工厂，企业与学校联合将生产线建设在学校里面，但是并不准一般学生进入，也仅仅只提供部分岗位甚至是行政岗位供在校生实习。

这种方式的缺点在于，这种企业与学校合作的方式只是企业用来减轻税额或者享受国家优惠政策的一种方式，同时也是学校的面子工程，并不能给学校学生带来什么实质性的东西，学生更多的还是在实验室和校外进行操作实习。

以上三种方式都属于把“教学工厂”和教学进行了片段化和机械化的组合，无论是哪一种都存在较大的问题。

（2）“教学工厂”在实践中的不足

学校引入“教学工厂”，是希望学生能在工作的同时学习到知识，减少他们从学校走出去以后适应工厂环境的时间。同样也是为了减轻教学成本，从而提高学校硬件水平，提升教学质量。但当前，即使一些学校避免了在引入上的片段化和机械化，我国的“教学工厂”教学模式在实践中仍然有许多的问题和不足，主要集中在以下几个方面。

①学生操作技能问题。由于现在高校扩招不断，生源质量不断下降，在扩招的同时，学校的资金投入又跟不上，导致学校不能按照国家规定的教学内容、教学方式组织学生进入工厂实习。学校由于要顾及“教学工厂”本身的生产线工作，学生进入后，师傅往往无法顾及他们。学生生产的产品也并不能达到国家标准，因而也不能作为产品销售出去。

②协调配合问题。由于“教学工厂”是一个真正的工厂，里面大多数工作人员都是第一线的工人，在这种情况下，让部分老工人带学生会出现会做不会教、会教不会说的尴尬局面。同时，一些工人不了解高职教育的教学方法，也怕担责任，所以不敢放手让学生去做，更多的是让学生去做一些打杂帮忙的工作。这样使得学生得不到锻炼，长期下去，一定会对学校的教学质量产生非常不好的影响。

③经济问题。当前高职学生在实训的过程中，无论是校外的企业实训还是校内的“教学工厂”实训，大多数都是没有工资拿的，有的甚至还得自己贴钱。

这导致很多学生，特别是家庭困难的学生并不愿意去实习，有一定的抵触情绪。那么在这种情况下的实训，效果一定会大打折扣。学生的积极性也是决定实训质量的关键。

④学生管理问题。当前高职院校学生人数不断增加，而老师的数量有限，往往必须得一个老师同时带几个同学，而且考核做工都是按照小组分配。这导致老师没办法顾及每一个学生。有时候一个小组做出的模型是优秀的，但是小组里面会有完全没有参与的同学，只是混了分。

⑤产出问题。由于“教学工厂”的独特性，它对外承担的很大一部分订单是需要由学校里面的这个“教学工厂”来完成的，那么就会出现学校为了赶工期而减少学生进行操作的时间，全部让熟练的工人来完成的情况。对于没有能够进行实践的学生，学校也会让他们及格，导致了很多学生不愿意做事儿，心里想着反正都能过。

这种情况是“教学工厂”里最致命的问题，会让学生不仅没有得到锻炼，反而越来越不熟练。所以，学校在一开始设立“教学工厂”的时候就应该考虑清楚要接多少单子。我们必须明确“教学工厂”的首要任务与根本目的。

鉴于以上的不足，学校和企业应在不断合作中总结经验，共同研究，探讨策略。随着当前我国职业教育的不断发展，国家对职业教育的要求也越来越高。只有借助全程式的“教学工厂”人才培养，才能够真正缩短学生和工人之间的差距，让学生全面地发展。

2.“教学工厂”模式实施不足的原因分析

在探讨“教学工厂”如何实施时，不能把它单纯地当作一个实训基地，如果仅仅说这只是一个校内的实训基地，那么这种模式并不是很适合我国当前对职业教育的发展要求。学校和企业都花了大价钱在生产线的建设上，但是回报往往会低于预期，盈利的程度可能远远不够。这些问题都在很大程度上阻碍了“教学工厂”教学模式在目前高职院校中的实施。在“教学工厂”的问题上，我们应当把它当作一种教学模式，一种新的人才培养模式，“教学工厂”的实施绝对不仅仅是把工厂引进学校，而是一种全新的教学模式。相关研究通过对案例学校进行调研和考察，归纳总结了目前我国大多数学校“教学工厂”教学模式实施不足的原因。主要从以下三个方面来谈。

（1）学校和教师方面

①学校的课程体系落后。目前大多数学校的教材都是由国家统一发放的。但是由于各个地区的经济发展不同、政策不同、科技水平不同，每个地区用的

设备、技术都会有一定的差异，国标课本可能并不能满足当地的职业需求和岗位需求。而专业课程的设置对于“教学工厂”教学模式的实施又至关重要。当前学校更多的做法是与企业共同编写新教材，但是在编写教材的能力上，无论是学校还是企业都没有编写出完整教材的能力，而双方在沟通上又经常出现分歧，使得课程没有教材来配套。所以这会造成实施不足、实施效果不好等问题。

②学校的教学模式陈旧。根据调研和考察，案例学校除了几个招牌专业，更多的专业还是采取的“2 + 1”教学模式，即传统的“2 年理论 + 1 年实践”的教学模式。这种“学科本位”的人才培养模式，强调理论的传授而忽略了实践对理论的加深作用，并没有从高职教育的培养宗旨、社会经济发展对人才的要求等根本问题上去考虑，这种培养方式导致学生与社会需求脱节。而这种方式对“教学工厂”的利用也仅仅只是把它当作校内实训基地。

③学校对“教学工厂”的利用不充分。学校在对校内工厂进行利用的时候，更多的是把它当作实习实训的基地，而并不能做到充分利用。如何“榨干”“教学工厂”的每一个作用，也是“教学工厂”教学模式的核心问题，在学校建立一个工厂的成本不低，如果不能够让它发挥百分之百的作用，这种教学模式是不可能持久的。而同样也是因为如此，许多已经建好工厂的学校把大三的同学当作免费的劳动力，工厂只被用于大三的实训活动。这些都是因为“教学工厂”在别的方面并没有能够给学校带来利益，在建立工厂后，只能想方设法让工厂不亏损以维持学校的运转。

④高素质教师队伍缺乏。虽然现在许多学校经常说自己的“双师型”教师率达到了多少多少，但是实际情况并不如他们自己说的那样好。教师在教学中扮演了一个最重要的角色。再好的方法没有好的老师也是传达不出去的。现在许多老师不愿意接受新鲜的教学模式，不愿意进行在职培训，总是传达给学生老一套的知识，这在职业教育里面是非常可怕的。时代在更新，科技在发展，越来越新的技术在不断地产生，教师如果自己都跟不上时代的步伐，那学校、教学是没有办法进行更新的。这不仅仅是“双师型”教师缺乏的问题，更是教师的综合素质普遍不高的问题。对教师的定期、长期培养是一个必不可少的环节。

就像上一点所说的，教师的素质决定了是否能够将“教学工厂”教学模式的本质贯彻下去。而时代在发展、科技在进步，教师自身的培训也是必不可少的一个部分。而“教学工厂”其实也是一个教师实训的基地。目前，教师的培训方式大多以上课为主，利用假期进行集中式的讲解和辅导；或者将教师送到企业里进行学习。这种方式的缺点很多。首先，教师的培训时间十分集中，短时间内可能有许多需要培训的地方。而在非假期的时候可能有需要培训的地方但是又抽不出时间。其次，企业一般不愿意接受教师去企业里面培训，所以所谓的培训更多的是纸上谈兵，以讲为主。这样的培训效果可想而知，是不可能取得成绩的。而当前高职学校在“教学工厂”教学模式实施的时候往往忘记了它其实也可以作为教师的培训基地来使用。学校在接到项目的时候，教师也会参与项目的实施，也是一种让自身得到锻炼的过程。而目前大多数高职学校对“教学工厂”的利用还停留在浅显层面，在实施中很容易就忽视了这一点。

⑤学校的项目选择困难。校内工厂能拿到的订单本来就少，再加上还要考虑项目的难度不能太大，周期不能太长等诸多因素，导致学校能拿到的项目就更少了，为了减少成本，工厂可能会有一段时间的停工。大批的学生无法进入工厂实训，只能在实验室里进行练习。这种情况的出现也会导致“教学工厂”教学模式没办法开展下去。许多学校也是因为顾虑这个问题，并不愿意在学校里面建设生产线。

（2）学生自身方面

①学生自身缺乏积极性。高职学生有个比较普遍的特点，就是学习的主动性差。而这种主动性差在普通高等学校里可能不是特别严重的问题，但是在高职教育中，由于技术成分高于课本成分，学生一旦偷懒可能导致的就是对技术无法掌握，完全没办法进行上手操作。这一特点，往往也会导致“教学工厂”教学模式在实施中的效果会打上一定的折扣。因为在注重实践教学的学校里，很多时候都采用了项目教学法，即分组完成项目，一个项目可能会由同一班级的很多人同时来做，而考核的时候也是采取一种集体打分制。那么，就会出现很多积极性差的学生让愿意学习的人多做事儿，以此掩盖自己懒惰的现象，最终自己什么也没学会，到了大三需要独立操作的时候拖累了整个班级甚至整个项目的进度。

②学生的自身素质问题。学生刚进校或者进校一年的时候自身素质不可能有多高，但是学校在选取项目时会遇到一些无可奈何，即使知道难度大、时间久，但是作为工厂为了能够盈利又必须接下来。当新生或者说不熟练的学生参与这种类型的项目时，不仅不会得到充分的锻炼，还容易产生延误工期、产品不合格等诸多问题。

对学校来说，对项目的选取以及让学生参与生产是个考验。项目难度大了不行，项目持续时间过久也不行，本来项目就不多，还得让学校挑三拣四，这也是阻碍“教学工厂”在高职院校中实施的原因之一。

③学生对阶段性目标的认识不充分。具体表现如下。

第一，学生大一阶段。刚进校的新生，对学校的教学模式和教学方法都不熟悉，甚至对整个大学都是陌生的，而“教学工厂”在大一的时候又设立了明确的职业目标，相当于加大了大一学生的学习压力。新生在心理上可能有所抵触。而且，目前我们的认岗阶段要求学生实地观察企业是如何运作的。但是目前的见习大多是走马观花式的参观，而且在大一阶段，实习的机会也相当少。所以大一新生能参与的校内工厂工作并不多。从学生方面来说，在大一实施“教学工厂”更多的是铺垫，并且不能受到学生的欢迎。

第二，学生大二阶段。大二阶段可以说是大学最重要的阶段，学生既积累了理论知识，实践能力也得到了锻炼。进入大二以后，教学全都采用了模块式教学法和项目教学法。

第三，学生大三阶段。学生进入了大三也就是进入了一个待就业的状态，技术上的问题基本上已经全部解决，在整个大三阶段就是不断练习，熟悉技术，以减少毕业以后的适应时间。但是在“教学工厂”的实施过程中，无论怎么模拟，校内的工厂和校外真正的工厂还是存在一定差距的，学生可能在毕业以后还是会需要较长的时间来适应真正的工作状态。在“教学工厂”的实施中大多数学校都会出现这样的情况：由于对学生不放心，怕学生不能保质保量地完成任务，同时也是出于对学生的保护，学校往往会加大带学生的老师的量，让老师随时监督学生的工作。这样反而使得模拟度大大减低，对学生不会起到好的作用。

（3）企业内部方面

①企业只追求盈利。企业作为一个盈利性机构，最终看重的就是盈利的多少。将生产线建立在学校本身是能为企业节约一大笔成本的，但是由于种种原因，有时候校内工厂并不能取得预期的收益，所以企业为此不断与学校进行消极的沟通，并且不断告诉学校一切以利益为重，最终迫使学校做出了许多对教学没有多大帮助的决定，也使得“教学工厂”教学模式不能很好地实施下去。

②企业与学校缺乏沟通。企业与学校的沟通往往仅仅限于工厂的运作，但其实企业应当参与的部分有许多。首先，教材的编制，学生的实践课教材应当由企业和学校共同编制，企业要比学校更加了解设备和技术等这些方面。企业的直接参与，能提高教学质量，也能间接提高学生们的工作效率。其次，部分教师的培训，学校的教师往往要去企业进行进修，但是企业往往不喜欢给学校这样的便利。同样企业员工也可以送到学校去培训，以提升员工的理论素质。这其实是相互的，但就是由于缺乏沟通，双方都不愿接受对方来学习的人。

“教学工厂”教学模式的实施是由企业和学校共同进行的，单靠某一方面的努力是难以推动“教学工厂”的实施的。学校在忙于自身建设的同时不能忘记了应当与企业进行及时的沟通，而企业在不断发展自身的同时，也不能只注重短期的经营利益，眼光要放长远。企业也应时常与学校进行沟通交流。只有实现学校和企业的紧密合作，才能将“教学工厂”更好地实施，才能使“教学工厂”更好地服务于学生、学校和企业。

第三节　高职教学模式与当代教育技术的结合

随着教育改革的深入，高职教育逐步向专业化、实践实用化发展，高职教育的内容也越来越社会化。随着投影以及电视广播等多媒体形式的出现，现代科技手段广泛应用于教育领域，使得教育的模式和手段越来越多元化，这无疑给高职教学模式带来了不可估量的影响。

随着多媒体技术的发展，教育手段也越来越丰富多样、生动立体，高职教育近年来逐渐受到了国家和社会的重视，这对我国职业和产业结构的调整起着积极的作用。现代教育技术的应用和发展推动了我国高职教学模式的转型——从传统的重理论知识的传授到重视实践能力的培养。充分发挥现代教育技术的积极作用，并避免其对教学模式的消极影响，同时解决应用过程中的问题，是我国高职教学模式转型的必然趋势。

一、“当代教育技术”概述

（一）“当代教育技术”的概念

二十世纪九十年代以后，“当代教育技术”这一词语逐渐进入人们的视野并且为人们所使用。与之前的“教育技术”相比，当代教育技术更加突出强调在教育教学过程中当代多媒体技术和网络技术的使用，增加了“当代”两字，在教育技术的基础上缩小了范围，而且也可以看出与时代的结合，体现了与时俱进的精神。当代教育技术倡导运用其相关理论和技术功能来解决教育过程中出现的问题。

（二）当代教育技术的特征

1. 数字化

数字化主要包括信息资源和硬件资源的数字化，这是当代教育技术的一个优势。相较于传统多媒体，当代教育技术具有以下优势：容量大却体积小，易于携带和储存，最关键的是，它易于远程计算机传输和储存，促使现代网络技术愈发繁荣。

2. 网络化

网络化主要指目前我们获取信息的最大资源库——互联网的使用频率最高。当代教育技术利用计算机、网络和通信技术把世界各地的电子信息设备和数字化信息资源联系起来，促进网络教育资源优势互补，打破时空和地域的限制，开拓人的眼界。网络对教育影响深远，既更新了教学观念和内容，也丰富了教学手段和教学过程，并且还体现在教学模式和现代教育体制上。有了网络化环境，师生可以根据自己的需要获取最新最全的学习资源，不再受时间地域的限制，可以选择世界上有名的教师的课堂教学和讲座，也可以在线进行视频交流。

3. 多媒体化

多媒体化主要指多媒体技术在教育教学过程中的广泛使用。教育信息的多样化呈现，主要有赖于计算机和多种先进技术手段的实时性和交互性传输和处理，使得教育信息的表征更具有多元化，也使得多媒体教学优势显著，这是优于传统单一教学形式的。多媒体教学相较于传统模式，信息传播速度快、容量大，更关注感官学习以及多种感官的结合。多媒体使用范围广泛且操作简便，且各种多媒体载体的交互使用更加有益于问题的呈现和解决。

4. 智能化

智能化主要指通过模拟来实现人类高智能活动，具体包括对人类智能理论以及相关应用系统等的扩展和模拟。在教育教学上，智能化的实现必须以相关的认知理论、教育心理学和人工智能理论等为依据。学生喜欢这种智能化的教学情境，从而增强学习兴趣，主动探索个性化的学习方式，能达到优化教学效果的目的。

5. 系统化

所谓系统化指当代教育技术运用系统的方法，将其硬件和软件资源的建设完美配合，发挥其最大的功效，让整个系统可以有效运行。它主要包括网络的开发、软硬件环境的建设等内容。其中，硬件环境的开发包括多媒体素材的制作与创造、多媒体制作中心的建设等。

（三）当代教育技术的作用

1. 促进教育改革

当代教育技术有利于为教学内容提供最新的信息。首先，当代教育技术的运用充实和更新了教学内容，为学习者提供了众多新奇的信息。当代教育技术包含各种技术手段，也为学生量身打造适合他们自己的学习计划提供了更多的选择。其次，当代教育技术手段的使用，将学习者的需要与社会发展相结合，发展了学生的个性，有利于因材施教。

当代教育技术使得教与学相融合，教学模式是在网络环境下个体和群体的交互。教室的构成也是一种技术体现，它把计算机、多媒体教学、计算机网络、传统的教材以及学生等融为一体，这样可以创造更有利于学生学习的教学环境，提高学生的学习兴趣，激发他们的积极性，使其真正成为课堂教学中的主体，教师则成为课堂教学的组织者和引导者。

当代教育技术有利于教育思想的改变。我国传统的教育思想注重体现教师的地位，以教师为主体，学生只能被动地跟着教师的思维走，导致学生难以发挥自己的想象力和创造力。对于传统的教学活动而言，当代教育技术的“注入”有利于为传统的教学增添活力，改变传统的教师教学思想。

从教学过程来看，以前的课堂教学注重向学生单一地传授知识，现在更加注重学生在课堂中思考、学习的能力；在教师方面，教师在以前的课堂教学中占绝对的主导地位，课堂的教学进程、教学内容的安排、教学方法的选择等都由教师决定，现在教师演变成促进学生学习、为学生提供帮助的指导者。在学生方面，学生在以前的课堂教学中，只能跟着教师的思想走，自己很少有机会发挥想象，根据自己的实际情况进行创造性的学习，现在演变成知识建构的主体——探究者。

2. 提高教育质量

当代教育技术发展了学生的个性化。多媒体教学的最大优势是可以把文字、图形、视频和音频进行结合，并利用生动形象的图文吸引学生的注意力，创造信息化的学习环境，为学生提供适合其个性发展的学习内容。

当代教育技术能有效促进学生德、智、体、美、劳等方面的全方位发展，比如道德伦理这类比较深奥难懂的教学问题，如果借用多媒体教学技术，便会事半功倍，达到良好的教学效果，它不仅方便了学生对相关概念的理解，还能促进学生相关行为的良好发展。投影可以生动形象地展示这些难以理解的理论，方便学生理解和接受，形成良好的道德行为。当代教育技术还可以有效缩小由于地区以及家庭背景不同等给学生教育带来的差异，弥补某些学生的认识欠缺，学生可以按照自己的意愿选择学习内容。

3. 提高教学效率

心理学家认为人类在获取信息的过程中，如果靠单一的视听觉来获取信息的话，获取的信息就较少，而如果各器官相配合的话，获取的信息就会较多。在实际的教学过程中，有的操作环境或实践对象的成本花费比较高，操作难度比较大，如果利用当代教育技术，则可以对这种高要求的环境进行模拟，进而节约成本，还能提高教学效率。

二、高职院校运用当代教育技术的理论基础

（一）系统理论

什么是系统？美国生物学家贝塔朗菲最早创立了系统论。将系统论引入教育理论，并指导教育实践，即出现了教育系统论，它将教育看成一个系统，并划分成教师、学生及多媒体等各个重要的系统要素部分。优化教育系统，既要协调好师生之间的关系，也要从整体出发，并考虑整个系统的各个要素，使其相互协调、相互包容以达到共赢的目的。若要系统功能大于各部分要素的功能之和，则需要调控好各要素之间的联结关系并发展出新的结构和功能。综上所述，系统论对当代教育技术的发展具有深远的指导意义，其主要以以下三个原理为指导。

1. 整体原理

根据整体功能大于各部分功能之和的原则，只有合理设计各要素之间的相互依存和作用关系，才能集合优化整体功能。教学系统亦如此，首先应从整个教学系统出发，其次考虑教学的各个要素，即教师、学生、教学媒体和内容等教学过程中的相关要素，再次要充分发挥各要素之间的协调配合功能，最后达到整个教学系统顺利实施的目的。

2. 反馈原理

每个系统的执行效果主要取决于实施后的及时反馈，反馈有正反馈和负反馈之分，正反馈可以加强控制信息的作用，负反馈则与控制信息作用相反。将其引入教学中，若教师能及时了解学生的学习情况或者学习效果，那么教师或者学生或者各教学要素即可及时进行改进和完善。

3. 有序原理

每个系统的要素部分只有合理有序地排列才能促进整个系统组织的高效运行。在这个大系统中，不仅要正确处理好内部各要素之间的关系及其与外部环境之间的关系，还要让内部各要素和外部各要素在有序状态下进行信息交换，只有这样，才能提升整个教育系统的质量。比如，在当代教育技术中，采用生动具体的直观教学方法，方可有利于学生形成一种积极的思维过程，即能更容易获取由表及里、由此及彼、由简单到复杂的有序的学习方法。

（二）学习理论

学习理论是心理学上一种探讨学习的本质及其形成机制的理论，它主要是为了找寻更好的学习方法，主要从社会行为学、心理学和生理学等不同角度出发，揭示学习的规律。学习理论为教育技术提供了深厚的理论基础。查阅相关文献，有关学者总结了对教育技术影响较大的三大学习理论。

1. 行为主义理论

此理论产生于二十世纪二十年代，桑代克、斯金纳、等学者是其代表人物，并在美国发展此理论达半个世纪，主要阐述了该理论的一些基本含义和展示相关实验成果，其理论主要是解释学习，强调利用观察的方法，重视环境和经验带给个人的作用，等等。经过一系列实验，他们提出学习是一种刺激和反应的联结（S-R），换句话说，个人接受外界的刺激做出了某种反应，即发生了学习。

2. 认知主义理论

此理论产生于二十世纪七十年代到八十年代，瑞士心理学家皮亚杰是其代表人物，并提出了著名的认知结构说，主要阐述认知主义的相关含义，即人在学习新技能和知识时不能观察到的一些心理过程，重在建构新的认知结构。该理论也表明，只有充分发挥学习主体的主观能动性，将新知识合理纳入旧有知识结构，并使二者达到完满结合，方可使学习效果和教学效果得到最优化，即他发展了行为主义的S-R的学习理论，并升级为S-A-T-R，其中A表示认知同化，T表示主体的认知结构，这是认知主义理论的一大飞跃。

3. 建构主义理论

此理论的产生可追溯到皮亚杰，指出建构主义是新旧知识的相互联系，研究儿童的认知发展可以从他的内外因相互作用来研究。乔纳森发展了建构主义理论，并对其做出以下解释：建构主义是学习主体自主建构实在，这种建构并非心中之物，而是根据自己的经验解释实在。这说明每个人都有着自己的经验和建构理论的思维构造。建构主义者对学习的实质有如下论述：学习是通过同化和顺应两种方式来改变认知结构的，并且是学习者主动建构自己知识的一个过程，在此基础上，协作、情境、会话和意义建构四大要素在学习环境中至关重要。因此，强有力的信息技术支撑是建构主义学习理论实施的环境保障，教师必须加强推广教育信息化的教学实践。

4. 人本主义理论

马斯洛和罗杰斯是其代表人物，并提出了相关理论，马斯洛认为学习不能受教师强迫，学习应是学习者主动选择的结果，因为学习者本身就具有自主学习的潜力，而教师只能下发学习任务，因此一个良好的学习环境便能造就学生，让其学到所需要的知识。

（三）教学理论

教学理论的研究和发展给教育技术的发展提供了扎实的理论基础和丰富的科学依据。

1. 基于行为主义心理学的行为教学理论

这类理论以斯金纳的程序教学理论和布卢姆的教育目标分类理论为主，意在促进学习者的行为发生变化。①斯金纳的程序教学理论，该理论将学习内容排列成许多小步子，形成便于学习者学习的材料进行程序化学习，学习者必须对每一步所提出的问题做出正确的反应，根据操作条件作用理论一步一步地积累完成，最终达成教学和学习目标，斯金纳对其还制定了四个原则：小步子、及时确认、积极反应和自定步调。②布卢姆的教育目标分类理论，指出将学习者的学习行为划分为认知、技能和情感三个层次的教育目标。

2. 基于认知心理学的认知教育理论

这类理论以布鲁纳的认知结构教学理论和赞科夫的发展性教学理论为主，意在发展学习者的智力和思维。①布鲁纳的认知结构教学理论，该理论提出：我们在选择何种学科时，一定要弄清楚该学科的基本结构，什么是基本结构，即包括学科的基本原理法则或者概念以及这些体系之间的相互关系等在内的具有广泛适应性的观念。②赞科夫的发展性教学理论，指出教学不能只发展儿童的认识能力，还必须强调其一般发展，什么是一般发展，即要求所有学习者（包括后进生）的发展，都应该满怀学习的兴趣和动机，尤其是内部动力的发展，以此理解学习的整个过程和掌握教学的基本方法，让学生时刻处于丰富的精神状态中。他认为，教学走在发展的前面时才是效果最好的教育，并使其促进学生的一般发展。

3. 基于人本主义的人格教学理论

这类理论以罗杰斯的非指导教学理论为主，认为教学的目的是培养全面发展的人，教学应教会学习者如何学习。

（四）传播理论

传播是一种社会行为过程，它主要是把信息通过相关的传播媒介传递给其他的受传者，传播的主要社会功能：娱乐、教育、传播信息以及协调信息等。将传播理论引用到教育教学上，它的功能和作用主要体现在，它是将教学内容通过教学媒体传递给学生的一种工具。目前使用较多的传播媒体主要包括计算机、电视、手机等几大类，这些媒体的使用大大地拓展了当代教育技术的运用范围，对其具有重大的建设意义。查阅文献得知，主要存在以下几种传播理论。

①拉斯韦尔模型，该模型主要解释了传播者（教师）是如何通过选择和组合当代教育技术来将符合教育内容的知识传递给受传者（学生）的，这种模式需要双方的积极配合和主动探索，它为当代教育技术的发展奠定了坚实的基础。

②香农—韦弗模型，香农和韦弗创立了传播七要素的模型，主要包括以下7个方面：信息来源、编码、信道、译码、信宿、反馈以及干扰。其中，信息来源主要指传播者，存在个人或团体两种传播主体；编码主要是把要求传递的信息转换成不同的符号意义；信道主要指传播这些符号的工具载体，也就是这种信息传递的依附或者存储物；译码主要指将这些符号信息转换成主体能读懂的语言；信宿主要指信息的接收者；反馈主要指信息接收者在接收到信息后生理和心理上的一系列情绪、行为反应，这些反应反馈到传播者，有利于其对自身的信息传播进行及时调整和把控；干扰主要指影响信息传播的各个外在因素。

香农—韦弗模型是当代教育技术采用的主要传播理论模型，因为该模型的各个传播流程较为清晰，运用到教育中，有利于教师正确调控自己的教学模式，以符合学生的信息接收需求，使得教育教学的组织得到优化。

（五）视听教学理论

当代教育技术的主要特征包括对当代教育媒体的科学运用，这些教育媒体的运用离不开人类的视听等感官。因此，掌握科学正确的视听规律可以有效保证当代教育技术运用效果的最优化。美国教育家戴尔，1946年首先在《视听教学法》这本书中提出了“三类，十层次”等视听教学的相关理论。他认为人类获取知识主要依靠做的经验、观察的经验和抽象经验三类途径来完成，并将这三类途径细化，抽象出了具体的十个层次，即戴尔的经验之塔理论。其基本观点主要分为以下几个部分：其一，经验的获得必须经过由具体到抽象的过程，即从塔底到塔尖的过程；其二，优化学习效果必须具备充分的具体经验，即具体经验越多，越能获得抽象经验；其三，优化教育教学，必须形成抽象的经验和概念；其四，教育教学中应尽可能利用各种教学媒体呈现具体经验；其五，经验之塔中层的视听媒体呈现的经验比直接经验更为具体和易于理解。

三、当代教育技术在高职教学中应用的原则

当代教育技术有着独特的优势，将它运用在高职教学实践中，结合高职实践教学的特征，将其巨大的潜能激发出来，势必起到提高高职实践教学质量，提高学生实践动手能力的作用，但是，要想让当代教育技术的优势充分发挥出来，就必须遵循以下原则。

（一）先进性原则

正确、合理应用当代教育技术必须以先进的教育理念为导向。国内外众多的案例表明：观念问题直接影响着教学的发展，作为教师，必须时刻接受先进的教育教学思想，研究现代教学手段，将它引入实践教学中以弥补传统教学的不足。随着社会的发展，教育思想也在不断地更新，它重视突出人的价值，注重将学生的心理研究与教学过程紧密联系在一起，体现出教育教学的科学化、人本化、现代化。

（二）目标性原则

当代教育技术应用在实践教学中必须从实践教学目标（知识目标、情感目标、技能目标）出发，依据学生的实际情况（理论水平和实践技能）组织并设定教学内容，并使教学结果明朗化。

倘若没有合理的教学目标作为指导，当代教育技术的应用将是一片混乱，从而产生一系列负面的影响。

（三）可操作性原则

当代教育技术的应用，尤其是多媒体教学软件的设计和操作程序，不能过于复杂，既要便于学生学习，又要便于教师教授，使每一方面都真正体现当代教育技术的优势。如开通 CERNET（中国教育和科研计算机网）、闭路电视等，对科学管理高职院校、及时分享信息资源、优化教育教学工作等都会带来很大的方便。

（四）发展性原则

这里提到的发展指的是两方面：当代教育技术自身的发展和所有学生都能得到发展，这两方面是相互统一、相辅相成的。教师在正确应用当代教育技术（多媒体）教学时，首先应考虑的是学生的智力发展水平，同时结合学生现有的知识水平，在提高原有水平的基础上，使之动态发展，达到教学最优化。

（五）交互性原则

交互性的对象主要是指教学主体，在信息处理的过程中，多媒体技术可以自如地控制和干预，形成人和机器、人和人、机器和机器之间的互动。学生处于这种交互的操作环境中，有一种身临其境的感觉。在不影响教学过程的前提下，学生掌握教学内容的大概情况教师可以随时去了解，并根据学生的实际情况快速调整教学内容及教学形式，随时优化教学过程，对学生之间由于存在差异性而产生的制约局面进行很好的控制。站在教育心理学的角度来看，人与机器之间的对话可以使学生的思想顾虑、情感障碍逐步得以消除，从而释放紧张情绪，这对学生自信心的树立有着积极的作用，教师应该把这一特点放在首位，合理地利用它，提高教学质量。

（六）共享性原则

此共享性指的是教学资源的共享，当代教育技术手段包含很多，先进的技术能将学生在认知方面产生的矛盾外在地表露出来，学生通过共同讨论来找出解决问题的方法，而不是把问题和矛盾一直埋藏下去堆积起来。更重要的是现代教育技术的外化功能不但可以展示和描述抽象的科学现象，还增强了学生的团队合作意识，使其学会了如何与人相处。教师应充分挖掘合适的教学资源，发现这些资源的利用价值，从而提高它们的利用率，使它们得到共享。

四、当代教育技术与高职教学模式的关系

（一）高职教育的特点

在我国教育体系中，高职教育属于高等教育的一个重要组成部分，其教育目标是为社会生产、建设、服务和管理等各个领域培养第一线的高技能人才；其教育理念是以服务为宗旨，以就业为导向，以产学结合模式为发展方向，注重对学生职业技能的培养。

高职教育教学的核心和难点是提高教学质量，重点是提高师资力量和建立实训基地。因其特有的属性，主要有以下两个突出的特点：其一是具有职业的针对性，高职教育主要培养的是一线高技能人才，这就决定了其教学内容必须与社会就业需求相适应，要求教师根据学生不同的专业岗位灵活设计教学课程，以培养适应岗位所需的专业技能；其二是具有实践性和操作性，高职教育教学中不能仅仅要求学生吸收理论知识，更要注重学生的实践能力培养，使其具有将所学理论知识与实践操作相结合的能力。

（二）当代教育技术下的高职教学模式

当代教育技术重视对学习过程和学习资源的研究，并且与当代科学技术关系密切，可以说当代教育技术下，高职教育教学主要是电教化的教学模式，包含了教学资源的全方位和多样化、教学的多层次、学习的自主化、教学管理的自动化、教学环境的虚拟化以及教师能力的多元化等多种模式的综合应用。

1. 教学资源的全方位和多样化

这不仅能够拓宽教师备课的范围，更能为课程设计提供多样的选择，同时使得教师与学生、学生与学生、学生与机器之间的互动更加频繁和直接，增强了高职教学的实践性和操作性。其好处在于使得资源能全球化，加强了全球教育资源的融合，扩大了学习者和教师的共享范围，同时使得教材朝着多媒体化的趋势发展，使教学内容更生动形象立体，此外，在很大程度上增强了学生的学习兴趣，促进了学生的学习积极性。

2. 教学的多层次

这能更细致地对不同层次学生根据不同培养方向开展能力教育，通过任务型教学来实现让多个学习者在一个任务中担任不同的角色，再对任务进行共同的分析、探讨和实践操作，以培养学习者不同的处理能力，以此让不同层次的学生在任务中发挥独特作用，从而掌握相应的知识技能。

3. 教学管理的自动化

教学管理是指教师从教学到检查的一系列过程，在现代教学技术环境下，教学管理可利用计算机和网络技术实现自动化，这能够大大提高管理效率，从而节约教师的时间，减轻教师的非教学工作，有利于教师潜心研究教学和教材，提高教学质量。

4. 教学环境的虚拟化

高职教育的突破口是以就业为导向，因此其教学具有很强的职业针对性，对学生相应岗位的专业技能培养十分重视。为了能够让学生的知识、技能与社会实践更顺畅地接轨，高职院校可以采用虚拟化的教学环境来模拟真实工作状态，增强学生对未来工作岗位的真实体验，提升学生的实践技能。

五、当代教育技术对高职教学模式的影响

（一）有助于促进高职教育教学方法与教学手段的改革

当代教育技术丰富了教育的内容和手段，网络技术的应用更是让学生的学习资源更广泛，教学内容的呈现更加生动、直观。授课方式和学习方式也从单调发展为多样，师生之间的互动变得更加频繁，增强了学生的学习兴趣。

（二）有助于高职院校特色课程的建设和改革

高职教育的课程注重专业技能与职业岗位的匹配度。利用网络技术将企业与社会的就业需求信息及时传播到高职院校，能够为高校的课程调整和设计提供更实际、可靠的参考，使得教师能够根据岗位需求设计教学内容，并结合专业理论知识让学生将所学技术与工作实践相结合，主动积极地转化所学知识。当代教育技术的应用使得高职院校的课程设置和教学内容更具有针对性，有助于提高学生技能的实用性，同时也体现了以“学”为中心的现代教学理念。

（三）有助于优化高职教育的资源配置

当代教育技术中的计算机网络技术能够使得优质的学习信息和资源得到最大程度的共享，不仅节省了传播学习信息的时间和物力，更有利于高职院校内各种教学资源以及软硬件的配置，让各专业之间的协作更具体细致，从而使得有限的教学资源得到最大程度的利用。

（四）有助于提高高职教学和行政管理的效率

当代教育技术的使用使高职院校的教务及行政管理都变得更加系统和科学，使得管理工作更加快速便捷。

当代教育技术与高职院校的现代教育理念相契合，是促进高职教育教学模式转型的有力动力，改变了以往以传授知识为主的模式，开启了以学为中心，

以实践能力培养为重点的新模式。当代教育技术的应用，丰富了教学的内容，提高了学生主动学习的积极性，对教师的要求也逐步提高，双师型、实践型教师成了高职院校青睐的重点。但是，当代教育技术由于推广的时间不长，在高职教育的应用中还存在着一定的缺陷：首先是部分教师的教学理念还未完全转变，教学活动仍以教师为中心，且对现代教育技术的运用还不够深入；其次，教师对当代教育技术的使用浮于表面，陷入了形式化，过分注重多媒体课件。当然，在对高职教育教学模式的改革中，传统教学方法不宜完全摈弃，需要将当代教育技术与传统教学方法相结合，各取所长，优势互补，从而提高高职院校的教学质量，实现教学模式的成功转型。

第五章　当代高职新型教学文化的构建

作为输送职业人才主力军的高职院校，其内外部发展面临着诸多的挑战，如教育经费少、来源单一，办学条件不理想，人才培养模式落后、服务地方经济的能力不足，等等。高职院校面临着重重困难和激烈的市场竞争，而其构建出独具特色的教学文化才是其制胜的法宝。本章分为高职教育教学文化的特征、高职教育教学文化的结构、高职教育新型教学文化的构建三部分。主要内容包括教学文化的特性、教学文化的要素和结构等方面。

第一节　高职教育教学文化的特征

一、高职教育教学文化相关概念述说

（一）文化

文化也有广义和狭义之分。广义的文化又称作“大文化”，泛指人类所创造的一切物质和精神文明成果。它可分为：物态文化层（属实体文化，指的是人的物质生产活动及其产品的总和）；制度文化层（指各种社会规范，如政治制度、家族制度、伦理道德、婚姻制度、官吏制度等）；行为文化层（即行为模式，指人际关系中约定俗成的民俗、礼仪、风俗等）；心态文化层（文化的核心，指价值观念、思维方式、审美情趣、心理活动等）。狭义的文化又称作“小文化”，指人类的精神创造活动及其成果。在汉语体系中，我们阐述了文化的本意是“人文教化”，也属于小文化的范畴。

综上所述，“文化”在汉语中最通俗、最直观的表述是“人文教化”。“文”包括语言和文字，就是知识的结构性积累，是基础和工具；“化”就是人与教化。

作为讨论人类社会的专属语，“文化”存在的前提是有“人”，是人的本质力量的彰显，是人的生存方式。只要有人的存在，就有文化。“教化”是这个词的真正重心所在：作为名词的“教化”是人群精神活动和物质活动的共同规范，并在其对象化成果中得到体现，作为动词的“教化”是共同规范产生、传承、传播及得到认同的过程和手段。

（二）教学文化

教学文化是基于教学与文化的范畴产生的交融。学者邓凡认为教学文化是一种特殊的文化主体，是关系文化也是活动文化，教学文化实践中存在的问题属于文化实践中的一部分，文化哲学反思教学文化问题，归结教学文化现象上升为教学文化理论。相关研究中对于教学文化的界定基于前人的文献研究。

根据教学文化中具体的教师文化、管理文化、学生文化和环境文化等子文化构成，可以从教师、管理、学生和环境几个大的角度切入分析教学文化的影响因子，从而更好地贴合教学文化且揭示各因子之间的关系。

（三）高职教育教学文化

高职院校的产生满足了大众化时期对多样化人才的需求。为了更好实现培养专业人才的任务，高职院校的教学就要从深层方面做出改革——教学文化改革，从而改变受教育者的价值观、思维方式。

通常情况下，我们把大学中的教学文化内涵界定为，在一定人才培养目标下，以文本、教学材料、教学环境等物质为载体，教师和学生在长期的教学过程中所形成的关于教学的文化价值形态（教学思维、教学价值、教学行为）。

定位不同的高校，其教师和学生的思想、意志、行为方式也不同，从而形成了不同的教学样态。以此为基础，高职院校的教学文化可以界定为：在一定的地域文化条件下，以培养“高级应用型人才”为中心目标，高职院校的师生在教学过程中形成的关于教学价值、教学思维、教学行为等方面的基本认同。教学价值观是教师价值观在教育方面的具体化，它是指导、支配和评价教育行为和功效的核心观念。

二、高职教育教学文化的特性

（一）教学文化的特性

教学文化具有历史性、群体性和滞后性等特征。

1. 历史性

文化有一个历史传承的过程。就个体而言，每个人都生活在特定的文化背景中，他可以成为某种文化的载体，在文化的历史变迁中不断学习和成长；就社会而言，个人融入社会生活，他身上的文化印迹经过集体智慧的创造，最终会形成一定的社会共识或文化心理结构，如信仰、态度、价值观等，被人们认同和接受或部分被认同和接受，这样就使文化有了形成和传播的社会基础。文化如果不为社会所接受就很难保留下来。

教学文化的形成和变迁同样有其社会基础，是历史的产物。它既取决于课堂教学生活中的两个主体，也取决于孕育这种教学文化的社会环境，包括社会的政治、经济和意识形态等。比如，知识接受型的教学文化符合工业革命时期为社会输送大批实用人才的要求，这种背景下产生的班级授课制，在强调“知识是第一生产力”的近现代及强调应试教育的今天依旧占据一席之地；自主、合作、探究的教学文化可以追溯到文艺复兴时期，在与不合时宜的落后文化的斗争中，它高举人本主义的大旗，是当时人性解放思潮影响下的产物。

另外，教学文化的形成和变迁也是遵循一定的历史规律的。当政治开明、经济发展、意识形态宽松时，教学文化的内容和形式相对丰富，可以互相包容；而当政治保守、经济停顿、意识形态控制严格时，教学文化的变革会举步维艰。

2. 群体性

教学文化是人的文化，但不是单凭个体就能形成的，而是学生与教师共同互动所形成的群体文化，它突出了师生间的联系性和依赖性，因此具有群体性的特征。师生是在一定时空范围内能够面对面互相交往沟通的一群人，是为了实现共同的课堂教学目标而形成的、互相依赖和互相作用的集合体。虽然群体会因职业分工、角色地位、行为方式、生活方式、思想观念、风俗习惯的不同而呈现出多元价值取向，但教学文化就是要发挥师生群体的自觉意识，整合各种有利因素，形成被全体成员认同、遵循，并有特色的价值取向、教学传统、学风制度、行为方式等。

教学文化不是灌输、仿效、命令的产物，它需要每一个群体成员共同活动、共同参与，经过共同审定、吸收、内化、影响、创造的循环往复的过程，形成共同的健康向上的价值取向，从而成为激励全体成员共同进步的原动力。因此，可以说，教学文化是课堂教学的凝聚力、可持续发展力和核心竞争力的源泉。

3. 滞后性

教学文化具有惯性或者保守性，作为一种稳定的生存方式，它的变化往往滞后于学术研究的发展。由于文化具有影响力持久、根深蒂固的特性，以及对行为具有潜移默化的控制作用，对处于这一文化之中的个体能够产生持久性的制约，因此，一旦一种文化形成之后，它会像血液一样构筑成师生存在的灵魂，难以产生变化。它会朝着原来的方向继续运动，并成为师生行为合理性的基础。发展下去的结果往往是成为一种文化定式，成为新价值观念的羁绊。

原有的教学文化有其优良的文化传统、正确的价值导向，但我们不得不承认，随着时代大背景的变迁，有些文化成分已经变得不合时宜，因此我们就有必要取其精华，去其糟粕，锐意创新。正如人类学家所说的：“一种文化变迁的最迅速最剧烈的途径必然是暴力推翻这个社会的统治者的结果。”当然，发生在课堂里的教学文化变迁不会这么激烈，但新旧文化的激烈碰撞在所难免，不破不立。

（二）高职教学文化的特性

1. 以“实践”为人才培养的途径

高职院校要培养以“应用能力”为主的高级应用型专门人才，就要加强实践教学在人才培养中的比重。与传统高职院校相比，现代高职院校的实践教学有其特性：以培养专业应用能力、技术创新能力及职业素养等为主的实训、校外实习、社会实践等；以生产一线的真实问题为依托的实践教学。接近真实的工作环境是实践教学的重要支撑，与学术研究型大学的应用能力相比，高职院校更注重岗位针对性。

2. 以“地方行业”发展为导向

高职院校以服务社会发展为主要目标，因此其教学要紧密结合地方社会的经济发展特性，以地方行业转变和产业结构调整为导向，来调整教学内容、教学方式等，以实现人才的知识、能力和素质适应社会的发展需求。

第二节　高职教育教学文化的结构

一、教学文化的要素

国内大部分学者将教学文化分为物质文化、精神文化、制度文化和行为文化。

教学物质文化是课堂中以及课堂外影响教学的各种物质设施和环境的总和，包括教室环境（教学楼的分布、教室的布局）、图书馆的图书资料、网络资源、校园网速、师资力量、课程结构。

精神指人的意识、思维活动和一般心理状态，因此精神也是一种文化。精神文化是教学文化中的支柱和最核心的要素，是教学发展的精神动力，包括教学理念、教学管理理念、教学风气、学习氛围、师生的价值观念等。

制度即规范和约束，制度文化是教学文化的规范层，反映教学文化诉求和价值观念。教学制度文化同样规范着、主导着教学文化的运行系统，对教学系统中的主体成员（教师和学生）的生活方式、教学方式和学习方式具有约束性和规范性的作用。它是构成教学文化的重要组成要素，包含制度的价值观念、道德标准、理性取向等。教学制度文化与其他几个构成要素相辅相成，密不可分。它是教学文化建设的保障，是教师和学生行为规范的保证。

教学行为文化的主体是教师和学生，也就是说教学行为文化是教师和学生通过行为折射出的教师和学生的信仰、价值观念、思想、精神态度等的总和。

物质文化、精神文化、制度文化、行为文化共同组成教学文化，其中物质文化是基础，精神文化是核心，制度文化是保障，行为文化是外在表现，四者相互联系、相互作用、相互制约、相互影响，共同组成教学文化，称为教学文化“四要素”。

二、教学文化的结构

（一）教师文化

教师文化是教学文化的重要组成部分，在课堂教学中起着主导作用。它融合了教师群体的价值观，具有群体性特征，并且具有很强的职业角色特征。

首先，处于良好教师文化氛围中的教师的价值观应该包括先进的教育观、学生观和课堂教学活动观，特别要注重实现学生的潜在价值，注重发挥学生的主体作用，以开放的观点看待课堂教学活动中出现的问题，这些价值理念在很大程度上影响着教师的教育教学行为。

其次，要有与现代教育教学相适应的思维模式，学习和掌握系统论观点，面对复杂的课堂教学情境，运用网状思维分析多种参与因素的相互关系，通过对话实现师生感情的双向交流等。

最后，教师对课堂教学行为的自我管理、对学生的适度容忍、对不良心理障碍的自觉消除，以及幽默感、民主作风和教育机制的养成等都是教师文化建设的重要组成部分。教师只有具有时代所需要的优良素质，才能有效地推动教学文化建设，更好地达到教育教学目标。

（二）课程文化

高职教育的课程体系具有鲜明的特点，强调学习与工作相结合，用实际的工作任务、工作项目引领课程体系的构建。这种课程文化的特点就是校企合作共同开发专业核心课程，进行基于“工作过程系统化”的课程体系开发，以培养学生的生产操作技术和应用能力为主线，将实际的生产过程和真实的产品作为载体，将课程内容和生产过程紧密结合起来，使学生一完成课程学习就能获得相应岗位的技术应用能力。构建以“任务驱动、项目导向”为特征的高职课程文化，其基本特征是各主干课程的设置与工艺流程各阶段的技能要求相一致，符合岗位职业能力要求和生产实际。

（三）对话文化

教学文化是通过对话文化予以表现的，对话文化则是教学文化再生的摇篮。对话是一种信息的交流互动过程，也是情感的交融互补过程。以课堂教学为例，课堂教学是师生共同的文化活动过程，不管哪一方都必须将自己所受的文化环境的熏染作为生存和发展的基础，又不管哪一方都必须将对方的文化基础作为自方发展的依托，双方都要将课堂教与学作为新生文化的操作平台，互为依托，互相促进，不断发展和完善。课堂教学中学生对话方式的多样化，为学生的合作交流和自主探索创造了条件，促进了学生学习方式的转变。同时课堂教学中对话的目的在于促进师生之间、生生之间的信息反馈和交流，思想交流和互补，情感沟通和融合。作为师生共生的手段——对话文化也由此实实在在地发挥着建构教学文化的功能。

（四）共生文化

共生关系可以说是共生文化产生的自然科学根据。课堂教学是师生人生中一段重要的生命经历，是师生生命有意义的构成部分。作为教学文化的重要方面，共生文化是一种讲究辩证与和谐的文化。课堂教学中的矛盾无处不在，比如：教师和学生这两个群体在课堂教学交往中不可避免地会产生认知或情感方面的冲突；在课堂教学实践情境中，预设的课程内容和教学设计必定要面临现实中生成的挑战。同样，学生的自由个性与课堂教学时空的束缚，师生的生命存在的开放性与知识传递任务的狭隘性等矛盾体都客观地存在于课堂教学中。

面对矛盾的存在，共生文化具有海纳百川的气度，它使不同因素在课堂教学情境中通过互动达到一种和谐统一的状态。比如，师生在课堂教学交往中会发生矛盾冲突，这就要求教师在处理冲突时充分发挥自己的聪明才智，进行有效沟通和对话，使矛盾冲突消融在信任、理解和宽容之中。课堂教学的时空限制性有其科学依据，但学生的个性自由也必须得到充分尊重。

（五）探究文化

课堂教学不是必须遵循固定线路的行程，它应该是通向未知方向的奇幻旅程，随时都有可能发现美丽的风景和意外的通道。探究文化饱含了对未知的追求、意外发现等文化底蕴，是教学文化重建的重要内容。在课堂教学中，探究表现为：教师对课堂教学的反思和研究；营造探究的氛围，最大限度地调动感知器官，激起学生的学习兴趣等。

（六）生活文化

课堂教学要唤醒学生的生活经验，珍视学生的独特的感受、体验和理解，在学生的生活世界和书本世界之间搭起一座心灵的桥梁，基于学生自身的生活体验，使其思想、情感、能力、个性、品质等各个方面都得到全面提升，让学生不断地自省并实现自我超越。

课堂教学要追寻文本的生活现场，不仅需要对日常生活的资源进行挖掘和筛选，把有教学价值的优势资源作为教学的资源，更重要的是要回归生活的本质，寻访生活的源泉，挖掘知识产生的背景。因此，我们要充分发挥文化背景的作用，依据学生的认知水平和理解能力开展课堂教学。

（七）管理文化

高职教学管理对保证和提高教学质量至关重要。教学质量是学校的生命线，一所学校办得如何，最基本的要看它的教学管理做得如何。以“严实”为特征的高职教学管理文化坚持以提高教学质量为核心，时刻把握教学质量这一办学的生命线，树立科学、全面的质量观，把提高质量作为教学工作的核心工作来抓；通过完善教学制度体系、教学监控体系，实现规范化、系统化、制度化、现代化的教学管理；通过教学质量分析对教学进行全面总结，找出问题，明确改进方向，每个任课教师无论承担何种教学任务，完成后均需进行质量分析。教研室要针对本教研室本学期教学任务完成情况、教师个人质量分析情况进行总体分析，总结优秀教改经验，分析存在的主要问题。系部和学校在此基础上进行更全面的分析，形成全面的分析报告，并针对理论教学和实践教学的总体质量进行分析。系部教学大会要向全系教师宣布分析结果，并对问题突出的课程和教师提出整改要求，整改措施纳入新学期教研活动内容及系部教学工作计划，并就整改措施进行跟踪反馈，不断促进教学质量的提升。

第三节　高职教育新型教学文化的构建

一、高职教学文化存在的问题及其原因分析

（一）高职教学文化存在的问题

1. 教学观念陈旧

（1）“重理论轻实践”的教学价值观

吉本斯曾说，运用知识正日益成为当前知识发展的目的，针对具体问题的专门技术越来越受工业部门的重视，它们更多的是在应用中被创造出来的。故此，培养服务于生产、建设、管理等的一线高级应用型人才，不仅需要专业理论知识，更需要从事某种行业的实践知识。而高职院校强调主动适应经济社会发展的现实需要，“以社会发展需要的高新技术研发和成果转化为重点，主动将基础研究和教学与产业创新结合在一起，强调知识的资本化和市场化”。换言之，理论知识学习和实践知识学习并驾齐驱是高职院校教育的教学价值取向。

但在实证调研中发现，虽然高职院校层面已经明晰了办学定位和办学理念，但在实际教学中，仍有众多的教育者将脱离生产实际的“高、深、窄”的理论知识研究作为自己教学生活的主要内容，将乏味单调、脱离社会实际的教科书作为课堂教学的主要素材。从对宁波市三所院校 22 位教师的调查来看，有 17

位教师仍坚持“理论知识”至上的教学价值观，其中持有此教学价值观的文科教师占多数。众多的教师在教学方面学习研究型大学，仍以自己熟悉的理论知识为主，对理论知识进行“过度诠释”——注重理论知识的准确性、完整性和系统性，忽视与专门职业相关的实践知识。

（2）重整体性轻个性化的“统一”人才观

人才观，是人们在一定的社会历史条件下形成的关于人才培养的一种看法，是对特定的社会生产力、生产关系的反映。不同时期具有不同的人才观，而人才观主要涉及人才的类型和质量，因而不同的人才观最终影响着整体人才队伍的类型和质量。

培养适应社会需求、服务经济发展的人才逐渐成为高职院校人才培养的一项重要任务，但如果过分着眼于人才的社会功能，忽视个人的需求、个性的发展，相反更不利于社会的发展，“个性不仅是一个人区别于他人的根本标志，更是一个亟待开发的巨大能源”，可以说“真正的学习，涉及人之为人此一意义的核心，通过重新创造自我，实现社会的创新”。

然而受中国传统文化中“强调一而排斥多”及计划经济的“计划性”“统一性”的影响，在当前的高职院校教学中仍重视整体性的人才观，就像计划经济一样，采取整齐划一的培养模式，强调整体性和过程性，相关专业使用统一的教学大纲，学习统一的教学内容，采取统一的评价标准……在对学生的调查中，只有 39.7%的学生认为所在学校重视个性培养。由此看出，当前的教学更多的是把学生当作工业化企业生产出来的标准件，忽视了人是生活在具体历史环境中的“现实的人”，没有真实情境作为源泉，学生的创新意识、创新思维也就失去了支撑点。

2. 教学目标模糊

《中华人民共和国高等教育法》明确规定现代大学要“培养具有创新精神和实践能力的高级专门人才”，而在整个教学过程中，教学目标处于非常关键的一环。它决定着教学行为，不仅是教学的出发点而且是教学的归属，同时还是教学评价的依据，它既有定向功能又有调控功能。没有明确的培养目标，教育的实践活动就可能迷失方向，就很难谈得上教学的规范和质量。因此，不同办学定位的高职院校也要制订更为具体的适应自己性质和任务特点的明确的教学目标。

教学目标是个抽象的概念，但“确立教学目标必须对两个问题做出明确的回答——由谁来制订和制订什么样的目标”，因此，教学目标的明确性主要涉及两个方面：教学目标设计者和教学目标内容的特性，从当前高职院校教学目标来看，教学目标仍比较模糊，问题如下。

（1）教学目标内容设计缺乏地方性特色

高职院校归根到底是培养服务于生产、建设、管理等行业的高等技术型人才，这也决定了高职院校教学目标必须紧盯社会需求的变化，特定的社会领域、社会行业或特定的社会层次的需求影响教学目标的最终形成。西方教育理论家鲍比在《课程论》中也提及教学目标应该来自对广泛的人类经验和现有职业的分析。但从当前高职院校教学目标的建构来看，其仍是以室内为活动范围的一种主观活动，忽视对地方或区域社会经济、文化等客观条件的联系。

（2）教学目标建构主体单一

首先，缺少一线教师的“声音”。教师是人才培养的主要实施者，谙熟学生的品性，对人才培养目标的建构具有一定的发言权。但当前高职院校教学目标的建构主体仍是一成不变的，其教学目标的建构仍以学校领导或专家为主，工作一线的教师没有发言权，从而教学目标也无法实现因时制宜、因生制宜。

其次，缺乏行业协会或专家参与。培养专门领域的专门人才，就需要熟知行业或企业生产发展变化的“内部人”的指导，然而从当前教学目标的建构来看，几乎没有企事业单位、其他机构或行业社会人员的参与，“行业协会是企业发展的服务者，是企业与外界环境（政府、其他企业、商品或服务的消费者等）沟通的媒介和桥梁”。

3. 教学内容落后

教学内容分为理论教学和实践教学，培养工作于生产第一线的高级应用型人才也决定了理论教学要贴近实际、贴近市场，实践教学要具有真实性。然而从目前高职院校的教学内容来看，专业理论教学存在着陈旧老化、无法适应地方或区域经济发展，严重滞后于科学的发展、滞后于区域经济产业的发展的不足，实践性更是不足。

（1）在理论教学方面缺乏前沿性和动态性

教育中的知识并不是人类知识总体的简单反映和记录，而是从总体知识经验中加以选择、提炼、加工的产物，尤其是“从适合特定的社会需要的有价值的文化中挑选适合教育过程的文化”，高职院校的人才“应用性”决定了其要向学生传授已经有定论的科学知识和专业知识，把学科的最新知识成果以及个人的科研成果在加工后融入教学内容。但针对宁波市三所高校的学生调查中，只有 4.42% 的学生说教师在理论教学中能及时补充行业新知识，认为教师所授专业知识与当前社会行业发展相吻合的只占 2.21%。

（2）实践教学缺乏多样性和真实性

虽然当前各个高职院校加强了实践教学在整个专业学习中的比重，但是受传统高等教育教学模式的影响，实践教学仍只是理论教学的辅助手段。除此之外，在相应的调查中，针对实践教学环节，只有29%的学生认为教师能亲历而为地完成“指导—示范—监督”，更多数的以进行理论传授，然后布置作业为主。“您认为您就读专业的实践教学情况”，选择“实践机会适中及以上”的占31.7%，选择“没有实践机会”的占20%；“我们学校通过哪种途径进行实践教学”，有一半以上的选择“校内模拟实验”，而选择“课堂学习与社会调查、企业实习相结合，循环学习”的非常少。其中宁波工程学院的一名电子工程专业的学生在访谈中说：“我当前在课堂上学习的主要是一些概念上的感性认识，即使对一些设备的构造有一定的了解，也只是表面的，通过在一家生产电子通信设备的企业实习后，我才真正了解了如何去解决器械的内部问题。”

在访谈某厂的负责人时，他表示出对专业实践性知识和技能具有很高的需求，但从当前招聘新人的情况来看，即使专业成绩非常好的应届生也需要三至五年才能胜任相关行业工作。

4. 教学模式的实践性不够

随着科学技术及信息网络的发展，知识的获取越来越便捷，因而如何运用已有知识发现问题、解决问题成为当前应用型人才培养的重点。因此，教学模式也开始多样化，如当前美国有关教学的畅销书中就阐述了社会型、信息加工型、个人型和行为系统型等多种教学模式。从当前高职院校的教学来看，受传统大学教学思维的影响，无论是教学过程设计还是教学过程实施，高职院校教师仍旧把教学看作一个控制的过程，学生对教学的参与较少。

当前高职院校的学生实践能力弱，并不是因为其缺少技能或技巧，而是缺少对人类社会发展中的实际问题的真切体验，因为学生的实践技能更需要在运用知识创造性地分析和解决社会问题的过程中得到培养。然而在当前的教学模式中，仍强调“教”，通过口传或书面形式传授技能，“教师绝对权威、居高临下，学生唯命是从、自我离场”是当前的教学生态格局。

（二）原因分析

1. 社会因素

（1）国家政策缺乏针对性

首先，政府性教育经费投入不足。尤其近年来国家力争建设一批具有国际竞争力的高职院校，经费更是向部分重点高职院校倾斜，造成了地方高职院校发展的不平衡。

其次，缺乏政策的保驾护航。政策对高职院校来说，与其说是一种资源，不如说是一种潜在的资本，相关政策对高职院校具有重要的影响，甚至能使其实现跨越式发展。但当前政府针对高职院校人才培养及师资队伍建设等的相关政策缺乏具体、明确的阐述，如高职院校教师进行职称评聘时仍执行普通本科大学的标准，缺乏自己特色的评定标准。

（2）行业发展影响人才培养模式

高职院校的定位是服务于地方经济及行业经济发展，这样就决定了高职院校的人才培养模式要具有区域性特色。行业发展对人才培养的影响也是随着市场经济的发展而逐渐凸显的，当前行业对人才培养的影响主要集中在以下几个方面。

第一，对专业设置的影响。要实现与市场需求与社会发展同步，在学科专业设置方面要紧跟经济发展步伐。

第二，对人才培养规格的影响。就高职院校而言，人才培养规格的设计要充分考虑区域行业经济的特殊性，充分考虑经济社会发展的需要。

（3）就业市场影响人才发展方向

在市场经济体制下，市场机制对高职院校人才培养目标及模式都有重要的导向作用，“从理论上讲，在完善的市场经济体制下，社会对各类不同人才眼前和长远的需求，总会在人力市场上反映出来”。尤其是服务地方经济或行业发展的高职院校，更要时刻关注当前地方产业经济结构的现状，了解清楚相关的行业对各类人才的需求数量及具体素质要求的现状，以此为基础，重新确定本专业人才培养目标和人才培养模式，从而实现学术定位与社会服务定位相统一。例如，笔者通过搜索近两年来的招聘信息了解到，综合素质高、实践能力强的人才是各个单位备受重视的。作为社会人，良好的责任意识、敬业精神、合作精神等高尚的道德素质是服务社会所必需的。除此之外，具备能为单位创造更高的价值或利润的相应的实践能力是最基本的。但对于综合能力来说，不同性质的单位对人才综合能力需求的比重不同。

2. 学校因素

（1）职称评聘以科研为主

人才培养是高职院校的主要职能，因此高职院校应围绕人才培养设计相应的教师职称评聘条件和标准。但从当前高职院校教师职称评聘情况来看，与研究型大学的教师职称评聘具有相同的条件和标准，论文、科研项目是硬指标，教学只是软指标。在教学评定标准中也只有基本工作量的要求，而对教学质量则缺乏明确的标准；论文则不仅有数量的要求，更具有质量的要求，如承担过什么级别的课题项目，在 SCI 等核心期刊上发表过多少篇论文，等等。如浙江省高校教师职称评聘，40 周岁及以下的教师晋升副高及以上专业技术职务，必须具有硕士学位和一定数量的核心期刊论文或其他书面成果。

（2）教学评价机制不健全

首先，教学评价“重量轻质”。在进行教学考核时，注重对教学工作定量的考核，而非教学质量的定性考核。就如有的教师说：“比如我们大学的教师教学评价对教师的激励和促进作用非常有限，实施部门更多地注重活动开展的形式，没有实质性的作用。”虽然教师每年都会填写教学评价表，但很少得到较实质性的反馈意见，因此教师也不知道自己的不足和需要努力改进的方向。这致使很多老师觉得只要按部就班地教学，自己不犯错，每次教师教学考核一定是个合格教师。另外在进行教师评价时，把科研放在第一位，把教学放在第二位，这样的评价标准导致许多教师把更多的时间和精力投入科研。因为科研不仅会得到很可观的经济效益，也能很好地达到教师评价的各项指标，能起到“一箭双雕”的作用。

其次，教学评价主要缺少行业协会或领域专家的参与。作为培养高级应用型人才的主要场所，无论是教学内容，还是教学手段等，都与时效性的行业信息和前沿性的行业相联系。由于当前的市场信息鱼龙混杂，为了更好筛选和获取有用的信息和内容，尤其是相关行业的技能要求和职业素养标准，这就需要行业专家的建议，因为他们不仅能准确把握当前行业的发展情形，及时准确地做出市场分析，同时他们也是职业岗位规则和职业岗位所需能力的研究者和制定者。行业领域专家参与教学评价，不仅可以让教师树立与时俱进的理念，同时也能及时补充或更新行业信息，及时纠正教师教学中的过时教学手段。

（3）教师培训不合时宜

首先，培训观念落后，忽视教师个体需求。高职院校师资队伍素质结构需求的特殊性，要求高职院校在对教师进行培训时要有与时俱进、与众不同的培训理念。高职院校教师不仅要学会如何及时了解和掌握行业发展的新动态，更要学会如何实现理论教学与社会行业发展实际的“无缝对接”。由于当前高职院校在职称评聘过程中，仍主要将科研成果和学历作为条件和标准，部分高职院校对教师培训理念存在误解，存在着片面性和功利色彩，忽视了教师的个人需求。如一位刚毕业的博士生说：“现在学校的领导根本不关心我们真正需要什么样的培训，他们仍按照旧有的观念和模式安排培训。”

其次，重视专业理论的培训，忽视实践能力的培训。具有较高的专业理论素养是岗位对人才的基本要求，作为人才培养重要组成部分的实践教学要求教师不能局限于相关理论或原理的讲解，更重要的是要身体力行向学生进行相应技能的示范，这就要求教师具有较强的技术操作能力，如娴熟的仪器设备操作使用技术、精湛的维修技术、组织协调能力和综合分析能力等。

3. 教师因素

（1）教师专业实践技能不足

高职院校应用型人才需要的不仅仅是客观知识，更重要的是与未来工作息息相关的专业技能。相应的高职院校师资队伍也应该呈现多元化，教师不仅要具有扎实的专业知识和较高的理论水平，也要具备较强的实践能力，掌握一定的实际操作技能。

但从目前高职院校的师资队伍来看，他们的来源渠道比较单一，以 211、985 研究型大学毕业的博士生为主。这些教师大多数是“三门人”，即教室—校门—校门，无可厚非，他们拥有较扎实的专业知识，但缺乏必要的专业实践经验和专业技能，致使其在实践能力、动手能力、实训教学、现场指导等方面都较弱。当把专业发展或行业趋势融入复杂的社会中时，更多的是“纸上谈兵”。正是这种“先天性”的不足导致高职院校教师在教学实践中缺乏“应用性”教学理念和思维。

（2）师资结构不合理

首先，高级职称教师偏少。虽然职称高低不能代表教师的全部水平，但它也在一定程度上反映了教师的知识理论水平、学术科研水平及教学阅历，它也是衡量学校人才培养层次的重要尺度。高级职称通常包括教授、副教授、高级实验师、高级工程师，这些教师无论是在学术理论研究、应用性科学研究方面，还是教学方面都有一定的成果，这种“一专多能”的教师正好能满足高级应用型人才培养的需求。但是从目前高职院校高级职称教师数量来看，中青年高级职称教师在专任教师总数中占的比例偏低。

其次，“双师型”教师比例偏低，兼职教师数量不足。高职院校要重视师资队伍建设，不仅需要具有深厚理论知识和较高科研水平的“学术研究型”教师，更需要具有渊博的理论基础知识和丰富实践工作经验的“双师型”教师，“专兼结合，能够较好地解决人才培养问题”，能真正体现办学特色。浙江省是拥有高职院校较多的省，同时它也是东部沿海中经济和教育都较发达的省，它的高职院校师资队伍结构的情况在一定程度上也代表了当前我国高职院校师资队伍结构最理想的情况。据统计，我国具备高技术素质的“双师型”教师的高职院校所占比例较低。这种师资现状，必然影响高职院校的长远发展。

除此之外，兼职教师也是当前高职院校师资队伍中比较重要的一部分。因为兼职教师多数来自企业或社会其他行业，他们的基础理论虽然没有授课教师的深厚，但他们有丰富的实践经验，同时也能及时地把企业或行业发展的最新信息传达给学生，从而更好地促进学生的行业实践能力、职业素养的提升。但从当前实际情况来看，我国兼职教师的数量和质量都显得不理想。

二、高职教学文化的建构策略

（一）彻底转变教育观念

市场文化已成为当今社会的一种主流意识形态，它渗透在了人类生活的方方面面，推动了社会生产力水平的提高，更是带动了人们精神意识层面的改变。为了更好地适应社会经济、文化的发展变化，为地方经济或行业经济发展服务的高职院校也应将市场文化融入教学，不仅仅从距离上靠近市场、拉近与商业世界的关系，更应从深层方面来彻底改变传统大学的教育观念，以市场文化为导向，围绕市场经济的客观要求，改变教学价值观、人才观、师生观，突出人才的特色性、实用性，实现人才素质结构与经济社会发展所需对接。

1. 市场现实性改变教学价值观

在以计划经济为主的文化形态中，生产者或创造者是经济、文化发展的主导者，产品的类型、规格、数量及生产方式等，都均由生产企业或创造者根据其自身的要素资源状况来决定。相反，在以市场经济为主的文化形态中，各个领域的生产者或创造者考虑的并不是自身独立的追求，而是普通大众的文化层次、文化需求以及他们的实际接受能力，以迎合他们的消费欲求为主导。换言之，计划经济中的生活、生产都以“物”为中心，而市场经济以“人”为中心，现代人群的消费需求决定着生产经营企业的命运。

市场不再是照单全收的“箩筐”，学生也不再是被动接受知识的“物器”，这也要求服务于地方或区域经济、行业发展的高职院校，要在教学中改变试图提供学生应有的东西的教学价值观，立足市场、以学生为本，重视市场的行情，关注市场的需求，按照市场对人才的素质要求来培养人才，按照学生个体的需求来调整教学，以便更及时地为经济建设培养出更多的适应性人才。

2. 市场自主性改变人才观

生活在市场文化中的每个个体都具有自主性，就如丹尼尔曾用“感觉革命”来描述市场文化的自主性对人的心理潜能的开发。市场文化的主体性唤醒并促进了大学生的主体意识的生成，成长中的每个青年都是一个个体，都具有自己的特性，而他们多元的思维、观念相应地丰富了文化，能够向上一辈人提供新的文化理念和生活样式。因此，教师应在教学中设计不同层次、不同系统的教学目标，而不再仅仅以整体目标规范一切受教育者，突出个体的历史责任感和做人的自我意识感。

（二）强调专业与产业对接

行业文化是指人类在社会文化和经济文化背景中逐步形成的保持行业持续发展、体现特色的一种生活方式。它不仅仅是行业发展的“软实力”，更是一个国家或地区行业综合实力的体现。

1. 建构以实际需求为导向的教学目标

高职院校人才应突出应用性：实践动手能力强、学习能力强、职业素能高。这也客观地要求其在建构教学目标时，必须熟知行业发展趋势，把握行业对人才的需求，就如泰勒在《课程与教学的一般原理》中认为最有效的教学目标是“既指出要使学生养成的那种行为，又言明这种行为能在其中运用的生活领域或内容”，即学生身心方面及外显行为的变化即会做什么，例如，通过学习后，学生的读写技能、操作技能、运动技能、职业素养等应该达到什么程度，都是教学目标要指明的。

例如，旅游专业是近年来随着旅游行业的发展而逐渐兴起的，它的形成具有很强的市场性，因此，它也是按市场需求、岗位分析来确立专业涵盖的教学目标。一般来说，旅游管理专业的教学目标是要把学生培养成具有扎实的旅游开发、旅游企业管理理论和具有较强的计算机应用能力、外语听说能力，在旅游行政管理部门或旅游教育机构及旅行社、饭店、景区从事行政或技术管理、旅游产品开发、旅游规划及旅游营销等工作的高素质应用型旅游管理专业人才。其中旅游管理专科致力于培养“灰领”阶层，偏重于高级实际操作技能的训练，而旅游管理专业本科以培养“白领”阶层为主，侧重于管理与开发理论、技能和方法的教学与实践，走知识与能力并重的道路。

2. 建构以职业能力为导向的人才评价体系

高级应用型人才培养是重点，但评价更是关键。从高级应用型人才评价工作本身来看，新的经济形势和企业用工制度要求人才评价工作要结合企业出现的新岗位、推广的新技术、采用的新技能。因此，高职院校在进行教学质量评价的时候也要在国家职业标准的总体框架基础上，不断设计评价体系，适应行业人才评价的标准。

首先，行业协会或专家、企业参与教学评价。在进行教学评价时，要力邀行业协会或行业专家、企业的加入。校企加强评价合作，用行业文化的标准检验学生的素质、专业学习，以此让师生对相关行业的发展有一个更深的理解，提升学生对相关专业的认知和职业认同感。

其次，行业管理规范融入教学评价。学校要敏锐地把握区域经济发展和行业经济发展动向，充分了解相关行业信息及动态，及时掌握各行业对从业人员的特殊要求，把行业对从业人员的要求融入教学评价，以此来调整人才素质的培养。

（三）凸显教学内容的地方文化

高职院校的定位是服务于区域社会经济、文化的发展，因此其人才质量要具有地域特色，这不仅是对地域文化的保护、传承，更是对悠久历史文化的创新。

地域文化是由时间、地理位置、自然气候等多种因素凝合而成的，汇聚了多样性、独特性、传统性与时代性。如以精神文化为代表的齐鲁文化、康巴文化，以经济行业文化为代表的徽州文化、宁波帮文化、绍兴文化等。高职院校要把地域文化引入教学，把地域中的历史、文化及生活习俗等作为教学环节的一部分，只有这样，才能真正实现地域文化与人才培养的融合。

1. 地域文化融入教材内容

地域文化不仅是地域的特征，也是地域内人的精神寄托，实现地域文化的传承、创新是地域内部人的骄傲，地域内部人也会因自己的文化能得到其他文化中人的认同而感到欣慰。因此，教师在专业学习中要融入地域文化特色，为地域特色文化获得价值认同做贡献。例如，在艺术设计专业教学中，教师要引导学生充分利用地方文化特色资源，将地方文化习俗融入视觉传达设计中，分析讲解其中的文化内涵和艺术精髓。山东艺术设计院校在这方面就做得比较有特色，他们把理解齐鲁文化内涵、形式等作为重点学习内容，在深刻解读齐鲁文化的基础上，通过“无声似有声”的设计理念来表现对齐鲁文化的另一番解读。齐鲁文化具有丰富的内容，不仅有显性的人文景观，更有隐性的心理特征和民俗，要更好地传承和创新齐鲁文化，就要从无声中透出有声，从此处无声胜有声中实现传统与现代的结合。又例如，黄山学院借地处古徽州腹地及拥有丰富的徽州文化实物资源的有利条件，积极地向学生开展“徽州文化专题”的教学，传承和创新徽州文化。学院充分结合相关专业的学习特点，充分融入徽州文书、宗族、文学、艺术等方面的内容，实现现代与传统的结合。

2. 社会文化融入培养理念

当高职院校的学生怀着复杂、忐忑不安的心情走出学校、步入社会时，社区文化正成为其融入社会的“中间过渡带”。

社区文化是社会文化的一部分，它是由居住在该地区的居民共同创造、积累而形成的，是体现本地区居民价值观和行为方式特征的文化。作为社会文化的一部分，社区文化的内容也十分丰富，但随着社区文化的繁荣与发展，社区文化已不再限于文化娱乐、文化设施这些显性因素，而开始进入精神文化的深层领域，包括居民的行为规范、信仰观念、人际关系以及职业发展等。而对社区文化理念的诠释、社区生活的许多方面都是与社会交往和社会关系紧密相关的，频繁的社会交往和密切的社会关系是确立社会文化价值认同感和归属感的重要条件。而作为社区中的重要组成部分，大学要以社区为基点，通过积极举办“丰富多彩、雅俗共赏、全民共建共享”的活动来融入社区文化，实现在相互搀扶中前进，在活动中大学也要充分利用自己在科技、人才、文化等方面的优势解决城市及社区的实际问题，从关注细微中凸显自我价值，在实践中凸显特色，以此来促进高职院校与社会的交往。社区成员只有通过共同的活动，才能增进交往，形成特定的社会联系，而这本身就是文化的体现。

（四）注重教学的应用性

1. 优化课程结构

学科课程由于其自身的特点决定了它在培养学生实践能力方面有一定的局限性，因此，要实现将受教育者内化的隐性知识或技能转化为直接的、物化的生产力，教师不仅要在教学活动中使用、管理知识，更重要的是要实现隐性知识向显性知识的转化，即理论向实践转化。

首先，依据对知识内涵的陈述，可以将知识转化分为三种类型：“由隐性知识到隐性知识的转化；由隐性知识到显性知识的转化；由显性知识到隐性知识的转化。”在应用型人才培养过程中，理论知识向实践知识的转化是有一定条件的：①在进行实践性教学时，我们应确认这种实践性知识必须能很快地再转换为隐性理论知识，以证实我们的实践教学是有价值、有意义的；②在理论知识向实践知识转化的过程中，应把学生当作“顾客”来看，顾客的自身条件及需求是选择何种方式的重要影响因素，就如企业生产一样，如果我们花太多的时间关注“顾客”需求之外的事情，企业就会失去“顾客”，同样如果在教学中只是为了教学而教学，缺乏对社会需求的调查、学生的调查，应用型人才培养目标也就失去了它的价值和意义。

其次，实践教学与理论教学具有同等地位。高职院校应以应用型人才的实践能力需求为导向，在实践教学本身的规律和内在联系的基础上，重组实践课程。

2. 完善教学过程

首先，实践能力的培养应贯穿教学环节的始终。实践能力的培养不能仅依靠实践教学环节，而应将实践能力培养贯彻到所有教学环节中，从教学方法、学生评价方式及师资队伍建设等方面进行全方位、立体化的改革。如加州伯克利分校通过开设研讨班让学生接触前沿科技，另外在研讨课后还专门设立了师生交流的项目，如聚餐、沙龙等，为师生提供了非正式的交流空间。

其次，强化校企合作建设。高职院校要加强与研究基地、企业的联系，依托产学合作，为人才培养创造真实的工作环境。学校要主动联系企业，建立长期有效的合作实践基地。更重要的是，在合作实践教学中，学校也要从细节上强化与企业的合作，建立各个层面的合作机制，让企业协助完成甚至直接负责对学生实际能力的培养。

（五）拓展教学途径

在市场经济中成长的大学生不仅要具备一定的专业素质，更要具备较高的综合素质。而这就需要服务于区域经济建设的高职院校充分融入区域，在与其他机构的冲突、合作中实现交融、共生，实现新时期人才的培养。

1. 转变第一课堂

第一课堂作为学生接受知识的主渠道，它具有举足轻重的地位。因此，改革传统意义上的第一课堂（含教室、实验室、校内实践基地等）对人才发展具有重要的意义。传统意义上的课堂虽然以解决学生的认知问题为主要任务，但是其“课堂授课”主要以人才培养方案中列出的课程为主，并不足以覆盖全部的知识，弥补当前“课堂授课”的不足成为课堂改革的主要任务。

首先，通过改善课程结构继续加强认知教育。如加大选修课开设的比例，增开带有科研性质的自由研究课程。

其次，通过设计“讲座”平台加强认知教育。改变单一的方向，从不同角度、不同层面实施或渗透相关认知教育，如邀请校内外专家举办讲座，建立“网络自主学习平台”，如“幕课”，让学生根据自己的专业和兴趣，选看不同的网络讲座，同时和同学实现有效互动，在充分照顾学生的个性差异的同时，也能更好地体现专业特色。

2. 强化第二课堂

大学生素质的培养除了最基础的认知教育，也需要实践锻炼，“人的行为从认知开始，认知指导行为，行为重复形成习惯”。而第二课堂平台的创设正是为学生提供了实践锻炼的机会，其通过生活情境来强化学生的认知行为，完成从思想认同到行为实践的过渡。关于第二课堂素质教育的实践，欧美一些大学早已进行了尝试，并取得了一定的成效。

目前国内一些大学也将第二课堂活动纳入本科学生培养方案，且第二课堂活动的开展与指导教师的职称评聘相挂钩，如通过创业教育、社团文化节、学科竞赛等专项活动来对学生的素质进行专项训练；借助科技创新活动，包括各类科技竞赛、各类科技节、讲座等，促进学生专业技能的提高，培养学生勇于实践和创新的精神。

3. 创新第三课堂

通专结合在办学理念上坚持以人为本，坚持了教育的主体性、教育的内在目的：当前大学教育越来越专业化，专业化被当作人的客体化，人被当作物来对待；学生仅仅是知识的载体，文凭成为其最高目标，满足于成为生产机器或社会机构的附庸。

通专结合就是为了适应社会在文化、经济、科技等各方面的专业化要求。因此，通专结合的人才培养模式离不开课程学习，更离不开环境的熏陶，实践是其最终结合点。而“第三课堂”正好为学生专业素养、职业素养和人文素养的培养创设了实践平台。第三课堂以开发大学生人力资源为着力点，进一步整合深化教学主渠道外有助于学生提高综合素质的各种活动和工作项目，是对传统高职教育原有人才培养体系和人才评价机制的进一步深化。第三课堂的开展可以分为四个环节，即职业设计指导、素质拓展训练、建立评价体系、强化社会认同，每个环节通过社会实践、创业实践、专业讲座算方式展开。如企业顶岗实习、岗前综合实训、毕业综合实践等。

如果说，第一课堂是主阵地，那么第二、第三课堂就是对第一课堂的升华，它具有第一课堂所无法供给的知识。第一、第二和三课堂相互之间是互相补充、相辅相成的关系。

（六）促进教学文化适应性

1. 规范教师队伍的管理

（1）实行竞争上岗机制

竞争指个体和群体为了压倒对方而进行的一系列心理和行为活动。竞争机制原指商品经济中优胜劣汰的方法，这里是指运用于教师聘用的选择方法。竞争机制可以最大限度地调动应聘者的主观能动性，筛选出最优质的教师。但是由以往研究可知，目前高职院校的师资参差不齐，中国对于教师资质的管控过于宽松，存在一些师资不良的状况。并且在整个教学情境中，与学生直接接触的就是教师，学生对于教学文化的适应程度与教师的专业水平直接相关。因此需要借助竞争机制加严对教师资质的审核，以保证学生的教学质量。具体的竞争措施可包括进行教师的英文或者双语说课竞争性考核、通过分项打分差额选拔录用。实行竞争上岗机制，这可以在最大程度上通过教师内部的竞争而优化任课教师的资质。

（2）注重教师的岗位技能培训

高职学生的任课教师缺乏必要的岗位培训，部分教师没有任何教授高职学生的教学经验，对于学生的基础和水平缺乏了解，导致教学内容与学生学习能力不匹配，使学生产生一定的不适感。因此，高职院校的任课教师需要由就业管理部门统一组织岗前培训以及定期的岗位培训以提升教师的业务能力，从而提高高职院校任课教师的教学能力，帮助学生适应新的教学文化。

2. 现代技术与管理交融

随着互联网技术的快速发展，网络渗透在生活中的各个领域。在高职学生的学习生活中，网络给了他们很多的陪伴和帮助，出行靠网络导航，在交际时用软件翻译。同时网络也在潜移默化地传播一些主流价值观，影响了学生的思维形态和价值观念。在学生的课堂学习中，由于语言与基础知识的限制，学生有时很难跟上节奏，不少学生会找网上视频课进行课后补充。学生遇到问题时会上网搜索寻找答案，网络对学生的学习与生活具有一定的指导意义。

因此，网络是当代学生不可或缺的一部分，高职院校有必要通过网络来输出相应的教学文化，潜移默化地影响学生的价值观念和思维方式以帮助学生适应不同的教学环境，比如建立学习平台 APP，将学习课程上传到平台，学生在课后可以通过观看教师录制的视频的方式学习，从而厘清课堂上没有听懂的知识点。也可以针对高职学生的特点，找一些不同版本的课程解说上传，方便学生适应与学习。此外利用平台可以将课前的学习资料上传、发布学校管理的通知公告，方便学生了解学习流程和学校的管理文化，也能方便学校的教学管理。在平台上可设置交际领域以避免现实生活中的因内向引起的交际尴尬，所以学生都可以在该领域畅所欲言地发帖讨论问题。平台也可放置一些视频和电影，供学生欣赏，潜移默化地锻炼学生的语言逻辑思维。

（七）加强学生主体的自我参与意识

在课堂教学中，学生主体的自我参与意识主要表现为以下几个方面。

第一，学生能主动参与课堂教学活动的全过程。即学生在课堂教学活动中能主动参与制订学习目标，自主安排学习进度，积极参与建构学习意义，参与制订并实施评价方案等。

第二，学生能积极主动地学习各种学习方法和学习策略。即学生在课堂教学活动中能根据自身的发展水平掌握适合自己的高效的学习方法，有目的、有意识地运用学习策略，运用多种有效手段收集信息、分析信息并得出结论，积极发现问题、解决问题等。

第三，学生能对自己的认知活动进行有目的、有意识的自我调控。即学生在课堂教学活动中善于总结学习中的经验教训，主动调整自己的学习进度，有效地控制自己的认知方向，并对自己的认知水平、学习动机、学习态度做出合理的评价等。

第四，学生能获得亲自参与探索研究的积极的情感体验。即学生在课堂教学活动中有积极情感的投入，有较强的好奇心，有内在动力的支持，尊重不同意见，不固执己见，勇于发表自己的见解，能形成独立思考、乐于探究、敢于质疑、努力求知的心理倾向等。

基于上述内容，加强学生主体的自我参与意识的具体方式如下。

第一，创设适合学生特点的问题情境，培养学生的问题意识。首先，教师要把情境假设作为教学设计的重要内容，在教学中教给学生如何质疑的思维方法，引导学生联系日常生活实际及社会焦点问题进行提出问题、分析问题和解决问题的训练。其次，问题设计必须关注学生的兴趣和需要，不必刻意追求问题的新、难、奇，适应学生的知识能力水平即可，问题的呈现形式和解决过程要有序，富有层次性。最后，教师要及时予以适当的评价和鼓励，延缓判断学生学习过程中的不同观点孰优孰劣，更不能武断地否定，对教学过程中产生的思维闪光点要尽可能给予鼓励性评价，以此激发学生主体参与的积极性。通过长期训练，可以启发学生多方位、多角度思考问题，提高学生的质疑解疑能力、综合分析能力、独立反思能力，培育学生的创新思维，增强学生思维活动的强度，从而进一步提高学生主体的自我参与意识。

第二，激发学生的能动性，开展开放的、富有创造性的课堂教学活动。课堂教学应该是基于实践的学习活动，学生应该在活动中体验，在实践中学习，在活动中自主建构知识。比如，开展角色表演、模拟法庭、社会实践活动等形式的体验性活动，让学生用自己的身体去亲身体验、用自己的心灵去深入感悟，在实践中学会做事，从而获得感悟和得到锻炼；学生自选感兴趣的话题开展专题研究活动，让学生用眼睛看、用嘴说、用耳朵听、用手做，通过搜集和整理资料，论证自己的观点，最后形成自己的研究成果；让学生自己设计和制作能体现班级文化特征或教学文化内涵的作品，如板报、手抄报、网页、视频等。

（八）实施自主、合作、探究的学习方式

新课程倡导学生要在教师的指导下，自觉运用“自主、合作、探究”的方式主动学习，其意义不只是学习方式的改变，更重要的是它还关系到学生未来的生活方式和生活质量。

第一，自主学习的实质是让学生掌握学习的主动权，使每个学生都能从自己的实际出发，通过自我设计、自我调整、自我监控和自我评价，进行有效的自学。但是，这并不等于说放任学生漫无目的地自由学习或任意学习。自主学习也需要在教师的具体指导下进行，只是它强调的是学生的学习要抛弃那些不切实际的统一要求，达到学生自主发展的目的。

第二，合作学习是对过去“填鸭式”教学的否定，其实质是让异质的学生在有明确分工的小组或团队活动中达成一定的学习目标，在互相交流讨论中得到进步。合作学习将个人间的竞争转化为小组间的竞争，鼓励学生把个人的利益和集体的利益结合起来，这有助于培养学生的竞争态度和合作精神；它不仅是一个认知的过程，而且是一个交往的过程，因为学生通过积极参与和多维互动，充分激发了自己的潜能，张扬了个性，并在高密度的交互作用下进行积极的自我概念建构。

兴趣小组是常用的合作形式，也很容易收到效果。如根据学生的兴趣爱好而组成的课外合作读书小组、文学爱好者小组、小记者采编小组等；或根据教师布置的任务或提出的问题而进行的小组内讨论、小组间竞赛、全班讨论、学生“执教”和情景表演等。在小组学习的过程中，教师需要从时空上为学生的协作学习创造条件，让学生发生从“要我学”到“我要学”的转变，从而在平等的、融洽的、和谐的课堂气氛中使问题得到圆满解决。

第三，探究学习的主旨是培养学生的探究兴趣，形成有效的探究方法，使其养成探究的习惯，并逐步树立主动学习探究的精神。作为人类的一种生存方式，探究是学生认识客观世界的一种有效途径。新课程标准中也倡导把探究作为一种新的学习理念和学习方法，主张学生在教师的指导和同学的帮助下，自主探求，自主建构知识。

（九）构建民主、平等、合作的师生关系

“师生关系”是课堂教学最基本的人际关系，它不仅关系到每个学生的成长，而且关系到每个学生成为“什么样的人”。亲密融洽的师生关系可以使学生在课堂学习中有一种安全感，进而有利于他们潜能的创造性发挥和个性的真实表现。

现代的教育倡导以人为本，注重开发学生的智力和培养学生的能力，以培养学生的创新精神和实践能力为重点，努力把学生培养成身心健康、积极乐观、热爱生活、具有完美人格的人。这要求我们改变“师道尊严”“师尊生卑”的传统观念，在课堂教学中建立起民主、平等、合作的新型师生关系。

每个学生的个性都是不同的。教学实践告诉我们，打破师生之间的壁垒离不开信任和沟通，只有彼此信任并积极沟通，师生之间才能真正实现平等，从而使学生产生对话的意识，而激发学生的创造性思维。

第一，师生在情感上需要理解和信任。传统师生关系注重传知识和训练技能，而方法、情感、过程等均受到忽视，这种关系从根本上失去了对主体发展的关怀，并且使学生承受巨大的应试压力。因此全面建立新型的师生关系非常重要。建立这种关系首先需要注重对学生的鼓励和赞扬。比如，如果学生在学习中遇到了困难，教师应主动给予鼓励，若学生解决了困难，教师应去赞扬，这样学生则会产生一种积极愉快的体验。其次需要注重对学生的关怀。教师应关心爱护每一个学生。最后教师需要进一步进行自我完善。教师要得到学生的敬爱，除了具备专业知识外，更应该有较好的人格魅力，这就需要教师努力提高自我素质，使自己成为学生的骄傲和楷模。

第二，师生在课堂教学上需要交往互动。新课程下的课堂教学是开放的教学，这就要求教师改变传统的课堂教学模式，把单向的传递变成双向的沟通，实现交往互动式的课堂教学。教师要把课堂环境变宽松，不能使学生有紧张的感觉，并激起学生的求知欲，使学生敢于发言；教师要鼓励学生自由表达自己的意见和主张；教师要站在学生的角度去考虑问题，而不是只站在教师的立场，换位思考很重要。

第六章　当代高职开放式教育教学探讨

开放式教学作为一种全新的教学模式在教学活动中得到了广泛应用。该模式在开放式理念的指导下，通过对教学过程、内容、方法以及教学资源进行开放式整合，激发学生的主观能动性，培养学生的创新能力。本章分为高职推行开放式教学的适切性、开放式教学模式的构建、产学研合作教学三部分。主要内容包括：开放式教学模式的内涵、开放式教学基础建设、产学研合作概述等方面。

第一节　高职推行开放式教学的适切性

一、从高职院校两个主体发展的本质看

（一）学生发展的本质就是学生个性的发展

《国家中长期教育改革和发展规划纲要》指出：尊重个人选择，鼓励个性发展，不拘一格培养人才；关注学生的不同特点和个性差异，发展每一个学生的优势潜能。学生在学校教育过程中主体性以及个性的发展与发挥，对教学的开放性提出了必然要求。目前，在我国高职院校普遍存在一种认识——高职院校生源质量差，学生不好教。这种偏见其实是没有对学生做科学、客观的分析造成的。较低的高考成绩不完全等同于低智商，因为个体在智能类型上存在差异性。我们只能说高职院校的学生有可能在智能类型上与本科院校的学生存在差异。这种差异决定了两类教育的培养目标不同。高职院校具有很强的跨界性，不能够再沿用以往传统的、一成不变的教学模式和教学方法。高职院校教师必须充分认识到这些学生的特点，抓住“促进人的发展”这个学校教育的第一要

务，同时紧密结合“职业性”这一高职教育的特点，根据他们的不同智能类型提供差异化的教育服务，以满足学生的个性化教育需求，完全释放他们的潜能与个性。

（二）教师发展的本质就是教师主体性的发展

教师要实现在教学内容、教学方法上的创新，就应该具有较高层次的视野、教育观念和教学策略。对于高职院校的教师来说，必须充分了解社会、市场以及企业的发展，应该积极走出去，走进企业、厂房、实验室；走出所在地区甚至走出国门。只有走出去，教师才能够掌握最新的生产技术、教育理念，才能够了解并遵循最新的发展趋势，教学活动才能够有的放矢。同时，只有在发展、提升的过程中，教师才能够实现自身的价值，才能获取教师这一职业给其带来的认同感、自豪感、幸福感。显而易见，高职院校要给学生、教师创造更广阔的发展空间，使整个教学过程取得更好的效果。

二、从高职教育改革亟待完成的三大任务看

（一）推行开放性教学是产学研高度融合的迫切任务

高职院校相比普通高等院校最明显的特征就是与区域经济产业的紧密联系，体现在教学上就是与企业、行业的高度融合，这是高职院校的本质属性所决定的。学校应积极探索开放性的教学模式，让课堂走出校园、把企业的老师请进学校，同时为学生提供“所学即所用”的知识和技能；把企业生产的真实环境引入校园或者把教学活动安排在车间、厂房，以实际的生产应用环节为教学内容，让学生以“当局者”而不是“旁观者”的角色参与到教学过程中。实现这样一种整合校园与企业资源的教育方式，就必然要求双方共同参与教育方案的制订以及实施。

（二）推行开放性教学是高职院校凝练办学特色的迫切任务

高职院校要达到发展的较高境界，就必须重视办学特色的凝练，但是自国家在二十世纪九十年代末期大力倡导职业教育后，大多数高职院校在一定程度上仍然停留在原有的办学思路与办学模式上。而开放性教学则能够改变传统的、被动的教学模式。高职院校应该首先从教学环境入手，创设真实的企业生产环境，把课堂延伸到企业、车间，使学生能够在真实的体验中学到职业所需要的知识和技能。其次，在专业设置、课程开发、教学计划实施等方面高职院校应结合自身专业优势以及区域支柱产业，采取灵活、开放的方式与企业对接。

（三）推行开放性教学是进行课程改革和教学改革的重要任务

目前，我国大部分高职院校在很大程度上仍然沿用普通高等教育的专业设置以及教学模式，或者是本科“压缩饼干”式的课程体系，严重影响了高职院校的教学质量。高职教育从其本身属性来说就是强调培养学生的应用性能力、动手操作能力等。因此，高职院校课程与教学的改革势在必行。高职院校应该创建一种靠产业技术创新驱动课程改革的体系，促使教学内容适应社会需要，按照职业资格标准进行课程设计和实施；改变原有的学科体系设置，按照实际生产环节和步骤调整课程内容顺序及教学重点，同时进行职业文化渗透和技能训练。这就要求高职院校必须积极与企业联系，紧密开展对接与合作，根据职业需要共同开发符合职业标准的课程。

第二节　开放式教学模式的构建

一、开放式教学模式的内涵

（一）开放式教学的含义

科恩于 1969 年基于人本主义教学理论，提出了以主题为中心的“课堂讨论模式”和“开放课堂模式”，斯皮罗于 1990 年基于认知建构教学理论提出了“随机通达教学”和“情景性教学”，它们是开放式教学模式的理论基础。开放式教学不仅是一种教学模式，更是一种教学理念，它的主要特征如下。①教学内容不是孤立的、碎片化的知识点，而应该是真实的或者虚拟的项目，通常完成一个项目应掌握相关的知识和技能。②教学的目的不是向学生传递学习资源，而是通过学习环节培养学生的自主学习的能力。③教学过程中，教师的主要角色是指导者、激励者，为学生创造自主学习环境。④教师和学生之间可以互相学习，共同完成一个项目，知识和技能在教师和学生之间双向流动。⑤开放性主要体现在师生关系、学习内容、资源运用以及对待学习的态度等方面。

（二）开放式教学模式下的师生关系

近年来，随着教学改革的深入，传统的教学方法、教学理念正面临着冲击和挑战。有的职业教育改革专家认为教师是教学服务的提供者，如何提供高质量的服务是教师的主要工作，交学费的学生则是教学服务的顾客，如果一个学校没有学生，那么教师的工作也就没有了落脚点。当这种思想认识在学生中产生时，学生会认为是他们为教师提供了工作机会，教师应该做好服务工作，而不是管他们。当学生出现旷课、上课玩手机、学习兴趣不足等现象时，教学管理者应首先从教师这里找原因，如教学质量低、吸引力不够。

（三）开放式教学的主要内容

目前的教学改革主要从“教”这一角度出发，试图通过提升教师的个人魅力、加强教学活动的趣味性来吸引学生，为他们提供高质量的课堂教学活动，当学生出现厌学、兴趣不足等现象时，则会从“教”这方面找问题，继续改进教学质量，而不愿意从学生方面找原因。开放式教学把“教”和“学”视作一个统一的整体，“教什么”和“怎么教”是需要解决的两个关键问题，教学对象分析、教学内容选择、教学方法设计、教学效果评价是开放式教学的主要内容，如何培养学生的自主学习能力、帮助他们建立对待专业课程学习的正确态度是开放式教学的主要目的。教师进行开放式教学设计时应充分评价传统教学模式的利弊，让课堂教学变得更加简单，避免把课堂教学变成一种展示和表演活动，既不能过于追求教学形式的新颖性，也不能通过否定过去的教学方法来凸显教学改革的必要性。

二、开放式教学基础建设

（一）充分识别学生的内在需求

当一个学生感到饥饿时，他会主动寻找食物，感到寒冷时，会主动穿衣服，感觉无聊、孤独时，则会通过玩游戏、聊天等方式来缓解，学生通常愿意做那些能够满足他们内在需求的事情。作为任课教师，有必要认真分析教育对象的特点，不能简单地认为大部分学生都是有学习需求的。有的学生主动参与教学，有的则消极参与或者拒绝参与，因为每个学生的内在需求是不同的，有的学生认为他们需要学习专业课程，有的学生则认为他们不需要。从教师层面看，学生的任务是学习，以为未来的就业、个人发展做准备，很难理解为什么有的学生会认为自己不需要学习专业课程。进行教学设计时，任课教师应首先分析学生的各种需求，通过各种措施让专业课程学习成为学生的内在需要。

（二）全面认识教学对象的特点

如今，高职院校的生源结构已发生的显著变化，招生对象已由过去的高中毕业生为主，不断向中职毕业生、企业在岗职工、退伍军人、待业人员拓展。

教育对象在学习习惯、学习能力、学习意愿等方面差异较大。有的学生具备一定的学习主动性，迫切需要学习一项就业技能以增强他们在就业市场的竞争力。有的学生则缺乏学习主动性，无法认识到专业课程学习的重要性，甚至抵触教师的指导和帮助，他们认为来学校的目的就是获得毕业证书，将来也不一定从事自己所学的专业。有的学生则具备明确的目标，能够充分认识到专业课程学习的重要性，对未来的职业发展也有明确的规划。作为职业教育的提供者，教师应充分研究教育对象的特点，从学生的角度去分析他们各种思想认识的形成原因，努力让他们主动接受正确的观点。

（三）重新定位教师在教学中的角色

在如今的信息化时代，学生可以通过手机、电脑等终端设备从互联网获取他们感兴趣的资源，学习场所正从传统的教室、实训室向网络空间延伸。不断更新的职业教育理念促使职业院校的教师思考如何选择正确的教学指导思想、教学内容，以及如何合理定位自己在教学中的角色等。根据学习能力的不同，职业院校的学生可以分为以下三类。①学习能力较强，这类学生不需要老师的帮助，能够自主学习。②学习能力一般，这类学生只有在老师的指导下，才能够掌握某项技能。③学习能力较弱，这类学生无法独立学习，需要在老师的辅助下反复训练，才能完成学习任务。因此，职业院校的教师应该客观分析教学对象在学习能力方面的差异，根据学生的特点选择合适的教学方法，重新定位自己在课堂教学中的角色，教学设计的重点已不再是如何传授知识和技能，而是纠正学生对待专业课程学习的错误态度，让更多的学生产生主动的学习愿望。

（四）客观评价教师对教学效果的责任

预期教学效果的取得离不开教师和学生的共同参与，当大部分学生能够听从教师的劝导，能够积极主动学习时，教学则会变得非常简单，反之，当大部分学生排斥教学时，教学则会异常困难。教学管理者经常用“没有教不好的学生，只有不会教的老师”这句话来回复教师对学生的质疑和批评，迫于对他们权力的畏惧，教师也不敢反驳。因此，作为职业院校的管理者，应该明确教师和学生在教学活动中的角色，不能过于强调教师对教学效果的责任，客观评价教学对象的特点，和教师共同努力找出提高教学质量的措施。

（五）学生在不同环境下的学习效果差异

建筑工程专业的任课教师普遍认为学生在校园的学习与在企业工作岗位上的学习相比，其效果、学习态度存在着明显的差异。以前那些经常旷课、消极参与教学、专业课程成绩较差的学生，到了实习单位以后，反而能够严格遵守企业的纪律，积极主动学习。大部分学生也认为在企业四个月里学到的专业知识比在校一年学到的还要多。在施工单位，学生能够亲自参与房屋的建造过程，这里的学习比课堂上的学习更加高效。工作单位的规章制度对于员工具有强制的约束力，当员工无法胜任工作岗位的要求时，他们只能通过学习来提高自己，除非他们不想要这份工作。学校的纪律对学生则缺乏强制的约束力，教学管理者容易受一些错误思想观念的影响，把学生的某些过错归咎于教师，过于强调对学生的服务，忽略了对学生的管理。

（六）如何用开放的心态评价学生的学习意愿

如何客观认识教育对象在学习能力、学习意愿、学习动力方面的差异是当前教学改革中面临的首要问题，当80%以上的学生都具备主动的学习意愿时，教学设计则变成如何提供高质量的教学服务以满足学生的需求，教学也变得容易。然而，实际情况并非如此，保守估计至少有50%的学生是缺乏主动的学习意愿的，有的甚至拒绝学习专业课程，只愿意学习自己真正感兴趣的课程，这种现象是存在的。有些职业教育专家和教学管理者不愿意承认这一事实，他们认为主要原因在于教学改革进行得不够深入，应该通过提高教学质量来吸引更多学生，而且认为教师的职教理念亟须更新。任课教师作为一线教学任务的主要承担者，能够更加直观地了解学生在课堂上的表现和他们的学习状况。学生的学习意愿缺乏是目前教学中面临的首要问题，用开放的心态认识它并找出相应的对策是课堂教学有效开展的前提。

第三节　产学研合作教学

一、产学研合作概述

（一）产学研合作的内涵

产学研合作作为一种较为成熟的创新模式，在各国都备受重视。但是目前关于产学研合作的相关概念没有一个明确的界定。在国外的研究中，博雷斯给出了产学合作的定义，认为产学合作呈现一种跨组织关系，相对于传统组织结构，这种跨组织关系使得产学合作的目标比较多元化，并且认为产学合作具有独特性和混合性，因而能够提高技术创新的有效性。科恩在其研究中认为“学”

主要是指公共研究机构，包括大学和政府管辖的研究机构，“产”则指企业，产学合作即企业和公共研究机构的合作。约安尼迪斯认为产学研合作的目的是要达到最大限度的知识共享，需要用高超的管理技能和组织设计能力来设计一种灵活的跨组织知识界面。亚历山大·考夫曼和迈克尔·桑托罗则认为“学”是指大学，“产”即企业。“产学研”一词最早出现在20世纪80年代年日本通产省创设的《下一代产业基础技术研究开发制度》中，其核心内涵是要保证企业与学校之间的相互协作与优势互补。

国内学者对产学研合作内涵的研究则更加深入。胡天佑在研究中认为“产”指的是产业或企业的生产活动，“学”指的是学校、学术界或者学习活动，“研”指的是研究机构或者具体的科学研究活动。他认为，产学研合作从教育活动视角看，人才培养是其最终目的，而从政治论的视角看，则其是一种经济活动，其最终目的在于获取经济利益与政治利益。总之，他认为产学研合作就是“围绕知识进行的社会活动”。陈云通过对不同学者提出的概念进行总结，提出了产学研合作的“主辅体范式”，即产学研合作中主要有企业、大学、科研院所三个主体，同时又有政府、中介机构、金融机构三个辅体，各部分之间相辅相成，相互合作。之后，杨宗仁在对产学研内涵的渊源及发展进行研究的基础上，又提出从静态和动态两个维度界定“产学研”之内涵，从宏观和微观两个层面剖析“产学研合作”之定义的理论。

总之，产学研合作的概念虽各有不同，但学者们都认为产学研合作指的是企业、大学以及研究机构之间的知识创新活动。

（二）产学研合作的动因

企业与大学或研究机构通过资源互补的形式进行合作时，往往从各自的需求出发。基斯勒从产学双方拥有的资源角度出发，提出大学的优势主要在于基础研究方面，企业的优势集中在研究的应用方面以及生产技术方面。由此可以看出，企业和大学拥有的资源具有互补性和依赖性，两者合作的主要动因是寻求资源上的互补。企业与大学开展合作时，更看重其研究资源及声誉表现。徐孟叶等学者通过研究企业与大学的合作动机提出以下几点：一是可以降低企业的研究成本；二是能够给企业带来良好的公共形象，提升消费者信任度；三是合作能使企业获得先进的技术，并提升其科研水平。李云梅基于战略联盟的角度，从理论上提出促进校企联盟的六大动力因素分别是大学和企业的合作意向、双方的价值取向、两者的合作方式、合作资金、效益追求和成果转化，并且提出了构建和发展校企联盟的具体建议。

对于学研机构方与企业合作的动机，则主要从资金以及人员就业等方面考虑。彼得斯与福斯菲尔德等学者在研究中总结了学术界与企业进行合作的动机，如学研机构通过与企业合作可以获得更多的研发经费，在当前政府所给经费不足的情况下，企业提供的资金是学研机构方进行研究的重要资金来源。另外，学研机构通过与企业合作可以实现科研人才的输送，为师生提供就业机会等。也有学者从大学的角度考虑，科技成果的研发需要资金的投入，由于政府资助政策的改变，大学的科研工作者需要依靠自身去寻求外界的资金支持，而企业是盈利主体，是资金的重要提供者。所以大学要寻求与企业的合作，就必须要重新定位研究方向，使其研究与产业实际问题相结合。

（三）产学研合作效率的评价

国内学者对产学研合作效率的研究多侧重于实证，其构建的模型指标与国外学者的类似。林盛杰等从"学研机构对合作的贡献""企业对合作的贡献""产学研各方良好的关系"和"效益分析"四个方面选取了16个指标构建了合作绩效评价模式，运用综合模糊评估的方法对产学研合作的绩效进行了研究。关毅从产学研合作的影响因素方面构建了合作质量评价模型，模型的评估指标主要包括工作量、技术水平、难易程度、创新程度、直接经济效益、间接经济效益、社会效益、政策措施等，最后通过案例的形式验证了指标模型的可行性与适用性。谢志宇在其研究中，采用调查问卷的方法对产学研合作的绩效进行测量，从财务角度、技术创新绩效、开发成果满意度和技术转移等四个方面进行量表的设计，综合反映产学合作的绩效。刘民婷、仇冬芳等多采用DEA（Data Envelopment Analysis，数据包络分析）的投入产出模型来研究各地区的产学研合作效率。肖丁丁等人运用超越对数随机前沿模型测评了合作企业的创新效率。虽然测评合作效率的方法不同，但大多数学者均将产学研合作系统视为一个投入产出模型，投入和产出的指标选择大同小异。付俊超从产学研合作环境、合作投入、合作产出、合作的运行以及合作的效果等五方面构建了产学研合作绩效的评价指标体系。刘和东和钱丹在对产学研的合作绩效进行衡量时，包含了财务绩效和创新绩效两方面，同时使用了客观指标和主观指标。其中，财务绩效是用企业新产品的数量、销售率和新产品的投入产出比三个指标进行测量；创新绩效是用新产品的研发成功率、市场对新产品的反应和企业从大学中学到的新技术和知识等三个指标进行测量，主观题采用量表测量，客观题采用阶段式选择。

（四）产学研合作的影响因素

从影响产学研合作的因素方面来看，迈克尔·D. 桑托罗认为资金来源和人员结构上的差异会对产学研合作的效率造成影响；张米尔等从产学研合作的内部角度进行了研究，认为影响合作效率的主要因素是不同合作模式下的交易费用。

后来的学者经过研究发现，外部环境因素对产学研同样具有重要的影响作用，中介组织在产学研双方合作关系的建立过程中提供了巨大的帮助，大大降低了双方的沟通成本，并以此建立起双方的信任关系。通过研究发现，政府政策在产学研合作过程中起着重要作用。詹姆斯提出产学合作关系形成之后，大学和企业间关系的维护，不是只需关注知识产权和专利转移方面，合作关系中的所有问题都值得关注，也就是说产学合作中的所有问题都会影响合作双方的关系，进而对合作的结果产生影响。

国内学者则充分考虑了产学研合作内部和外部环境两大方面。郭斌、谢志宇、吴慧芳从产学研合作的参与者、项目特性、组织结构与安排、外部环境等四个维度分析了其对产学研合作效率的影响。黄枚立对产学合作的影响因素进行系统性评述，主要从合作双方的主体特征、现有的制度和环境因素三个层面展开讨论。主体特征层面包括企业的规模、研发强度、开放度，大学的产业研发投入、研究质量、技术转移办公室，教师或者研究人员的年龄、学术地位和性别等；现有的制度层面包括信任、学习、激励和文化四方面；环境因素层面包括风险资本、政府和地理接近等因素。实证研究方面，谢志宇的研究指出，产学研合作的主要影响因素包括企业的吸收能力、产学研合作的紧密关系、合作的外部环境的不明确性等，同时企业的合作行为、合作模式也会影响产学研合作的效率。刘和东、钱丹以高新技术企业为对象进行实证分析，指出企业的吸收能力、产学研的合作程度和学研方的科技成果转化率三个内部要素对产学研的合作行为均有显著的正向影响，但合作程度对产学研合作模式的影响不显著，其他两个因素对合作模式均有显著的正向影响；政府的政策支持这个外部要素对产学研合作模式和合作行为的正向影响均显著。

（五）产学研合作的政策法规

1. 产学研合作政策法规的结构特点

（1）产学研合作政策法规的结构

产学研合作是基于国家创新体系建设的要求，由企业部门与学术科研界相互合作的技术创新活动。产学研合作的顺利开展，必然离不开政策法规的保障，政策法规给予产学研合作根本的政策性支持与指导，弄清政策法规的结构，有助于在合理的法律范围内，进行产学研合作。政策法规具有不同的结构层次划分，按照各政府部门的职责权限高低，可以分为不同程度的法规层次，每一个层次分别由不同的政策主体来制定法律文件。高层次的法律从宏观性的目标方向上提出要求，具有建设性的指导意义，低层次的法律文件在较高层级法律的指引下，具体制定一定行政区域或活动管辖领域内的政策法规，更加便于按照客观实际进行落实。政策法规的结构一般可分为以下几个层次，《中华人民共和国宪法》，国家、党中央或各级政府部门制定的产学研政策，全国人民代表大会颁布的法律，国务院通过的行政法规，各省、自治区和直辖市制定的地方性法规，国务院各部门制定的部门规章以及地方政府规章与实施办法。在《中华人民共和国宪法》的规定下，由党中央或国务院根据国家技术创新的整体发展情况制定产学研合作的政策，以确定技术创新的方向、目标与要求，在这些重要政策的指导下，再由全国人大、国务院各部委、地方政府具体确定各生产主体的职责，创新合作活动需要达到的目标，以及政府给予的支持与保障等。

（2）产学研合作政策法规结构的特点

法律法规具有不同的结构层次划分，产学研合作政策法规的结构层次主要为，《中华人民共和国宪法》、产学研政策、综合性科技法律、行政法规、地方性法规、部门规章与地方政府规章。根据《中华人民共和国立法法》中的规定，地方性法规的效力等级高于部门规章，但是在具体的司法案例中，如果两者的规定当中有相矛盾或冲突的地方，应当提交国务院进行裁定。因此，应按照《中华人民共和国立法法》的法律层次划分，来构建产学研合作政策法规的结构框架。

产学研合作政策法规的结构表现出层次分明、层级之间互受影响的特点，显示出法律制度的结构严谨性。《中华人民共和国宪法》是我国的根本大法，《中华人民共和国宪法》中有关技术创新的规定，是开展产学研合作的重要法律基础。产学研合作政策是指由国家权力部门、行政部门或各级党委组织，为促进技术创新而制定的当前一段时期内产学研合作方面的政策。例如，教育部制定的《高等学校“十三五”科学和技术发展规划》《河北省科技创新“十三五”规划》等。

综合性科技法律是全国人大从整体上规定的产学研合作的方向和要求。行政法规从某一方面来规定产学研合作需要遵循的原则及要完成的任务。地方性法规主要是由各省、自治区、直辖市的人大常委会制定的，只在本行政区域内有效。部门规章为国务院下设各部委制定的规章，是对具体领域的规定，例如，教育部、科技部制定的与本领域开展产学研合作相关的法规，以及相应的激励措施与业界奖励等。地方政府规章是由地市级人民政府根据本地区发展实情，具体制定的技术创新活动的相应保障条件。产学研合作政策法规结构的层次性，决定了开展产学研合作首先需要了解法律层面不同性质的规定，根据不同程度法律的界定，开展相应的产学研合作。

2. 产学研合作政策法规的体系

（1）产学研合作政策法规的体系框架

产学研合作政策法规的体系主要包括技术创新主体、科技中介机构、知识产权、科研管理和成果转化方面的政策法规，由此涉及相关的产学研合作政策、法律、行政法规、部门规章等。产学研合作发展的丰富性，使得其政策法规体系形成了多种法律制度相互交叉、共同保障的特点。从技术创新主体的“人力”资源投入，科研管理的“物力”资源保障，科技中介机构的“第三方”促进作用，到最后成果转化所涉及的“有形资产”归属，以及知识产权这种“无形资产”的分配，这五个组成部分共同构成了产学研合作政策法规的体系框架。这不仅显示出产学研合作活动整个体系的完整性，而且在相关政策法规的保障下，体现了产学研合作政策法规体系的严谨性，以及各组成要素之间的密切关联性。

①产学研合作技术创新主体政策法规。产学研合作中的技术创新主体是产学研合作的主要参与者，表现为产学研合作体系中主要的“人力”投入基础，是开展产学研合作必不可少的主体保障。技术创新主体是整个产学研合作体系最基本的参与条件，没有技术创新主体的共同参与，也就无法谈及科研创新合作。关于产学研合作技术创新主体方面的政策法规主要包括，《中华人民共和国高等教育法》《中华人民共和国合伙企业法》《中华人民共和国中小企业促进法》《中华人民共和国公司法》《国家中长期教育改革和发展规划纲要（2010—2020年）》《国务院办公厅关于深化产教融合的若干意见》等。

②产学研合作科研管理政策法规。产学研合作中的科研管理主要包括科研经费和科研设备方面，科研经费是开展产学研合作所必需的资金保障，科研设

备是必要的物质基础，均表现为产学研合作体系中的“物力”保障。只有具有了产学研合作的资金与设备支持，才能发挥技术创新主体的科研价值，创造出符合技术创新需求的新产品。产学研合作科研管理方面的政策法规主要包括，《国家科技支撑计划专项经费管理办法》《国家高技术研究发展计划（863 计划）专项经费管理办法》《国务院关于国家重大科研基础设施和大型科研仪器向社会开放的意见》《国家重大科技基础设施建设中长期规划（2012—2030 年）》《杭州市产学研合作项目专项资金资助管理办法》《上海市促进大型科学仪器设施共享规定》等。

③产学研合作科技中介机构政策法规。科技中介机构是产学研合作中的第三方参与者，通过提供专业化服务的方式，间接参与技术创新活动，以促进产学研合作的顺利进行。在如今产学研合作逐渐深入开展的情况下，科技中介机构已成为推动产学研合作不断向前发展所不可或缺的一部分。产学研合作科技中介机构方面的政策法规主要包括，《中华人民共和国科学技术进步法》《国务院关于加快科技服务业发展的若干意见》《中共中央、国务院关于加强技术创新，发展高科技，实现产业化的决定》《关于促进辽宁省科技中介发展机构的意见》等。

④产学研合作成果转化政策法规。科研成果转化是指产学研合作过程中，将最终研发出的技术产品进行转化和应用于市场的活动，是整个产学研合作所追求的目的。在产学研合作体系中，成果转化是关于“实物产品”或“有形资产”的处置问题。产学研合作中科研成果转化方面的政策法规主要包括，《中华人民共和国促进科技成果转化法》《关于促进科技成果转化的若干规定》《关于促进自主创新成果产业化的若干政策》《黑龙江省促进科技成果转化条例》《河北省促进科技成果转化条例》等。

⑤产学研合作知识产权政策法规。产学研合作知识产权方面的政策法规主要包括，《中华人民共和国著作权法》《中华人民共和国商标法》《中华人民共和国专利法》《中华人民共和国合同法》《关于加强与科技有关的知识产权保护和管理工作的若干意见》《关于国家科研计划项目研究成果知识产权管理的若干规定》《关于加强国家科技计划知识产权管理工作的规定》《国家知识产权战略纲要》等。

（2）产学研合作政策法规体系的发展阶段及特点

①产学研合作政策法规体系的发展阶段。随着我国产学研合作活动的不断发展，出现了“政产学研用”等多种合作模式，合作模式的多样性必然需要不同方面的法律规定。制度是产学研合作法制保障的关键，而产学研的发展与制

度的变迁是相互依存的。制度体系为产学研合作的开展提供了法律保障，创造了良好的法律环境。产学研合作的发展，又促使法律法规的体系更加健全。产学研合作已成为各国提高科技发展水平、促进经济快速发展的有效途径，我国开展产学研合作探索较早，但是由于经济不发达、生产技术落后，产学研合作发展的整体进程缓慢。改革开放之后，产学研合作的重要性不断被突出强调，国家高度重视科学技术发展对生产力的拉动作用，产学研合作的法律建设取得了较大进展，并相继颁布了多部关于科学技术进步的法律，通过政策支持和制定奖励措施，促使知识、技术与经济发展相结合，有力地推动了社会生产的进步。

根据不同时期相关政策法规的精神，可以将我国产学研合作政策法规体系的发展划分为三个阶段。第一阶段：自改革开放至二十世纪九十年代。这一阶段的产学研合作政策法规主要围绕“科学技术是第一生产力”，以中央政府制定出台的关于经济、教育和科技方面的三个重要决定为中心，我国颁布了《中华人民共和国科学技术进步法》和《中华人民共和国促进科技成果转化法》，体现出国家已充分认识到科学技术对于促进经济发展的重要作用，为产学研合作中的产业界、教育界和学术界的改革做出了重要指示，对我国早期开展产学研合作具有重要意义。第二阶段：自二十世纪九十年代中后期至二十一世纪初。这一阶段的产学研合作政策法规主要围绕着“科教兴国”的主题，我国相继颁布了《中华人民共和国高等教育法》《中华人民共和国中小企业促进法》等法律法规，丰富了产学研合作主体方面的法制规定，强调推进科学技术成果产业化，促进产业结构升级。第三阶段：自二十一世纪初至今。这一阶段以“建设创新型国家”为奋斗目标，将《国家中长期科学和技术发展规划纲要（2006—2020 年）》作为技术创新的重要法律文件，以促进自主创新为核心内容，注重对知识产权的保护、科研经费的管理，丰富了相关领域的法律法规。这三个阶段法律文件的提出，使得我国产学研合作政策法规的体系具备了必要的法律法规支撑。

②产学研合作政策法规体系的特点。产学研合作的主体主要包括企业、高等院校和科研机构，在技术创新的过程中分别承担着产品生产、提供知识和科研力量等不同职责。产学研合作的深入发展以及创新主体的复杂性，使得相关法律涉及社会中的多个方面。产学研合作政策法规具有体系性，按照所属领域的不同，可以分为各种经济、教育和科研法规，成果转化与产权保护规定等。

我国产学研合作政策法规的体系表现出彼此之间既分散、又相互联系的特点，整个体系下的每个组成部分都是产学研合作过程中的一个单独的方面，然而每一子支之间又不是毫无牵连的，而是互相依靠共同构成了产学研合作政策法规的体系，使得整个产学研合作政策法规的体系表现出结构严谨、各组成要素之间相互协调的特点。完善的政策法规体系可以为产学研合作提供重要的法律支撑和保护，激发合作主体参与的积极性，提升正业的实力，促进科研技术成果的转化。因此，我国需要健全产学研合作的政策法规体系，通过专门的政策法规对产学研合作的各个方面予以规范。

3. 产学研合作政策法规结构与体系的基本要求

（1）满足不同领域和不同部门对专门立法的需要

产学研合作是一项复杂的系统工程，不仅涉及各级政府制定的与技术创新有关的法律，而且还包括实际参与合作的主客体，以及合作过程中可能发生的产品研发、成果转化等环节，每一个环节均需要相应的法律保障。因而，制定全面的法律，对产学研合作中的不同部门和不同领域进行明确的规定，是确保产学研合作活动能够正常开展的基础。

①促进产学研合作的相关立法。产学研合作是改革开放以来一种新的合作模式，在我国兴起得较晚，发展得还不够完善。由早期对各领域的单独改革，到之后的校企合作，体现出产学研合作在我国经历了一个较快的发展进程。相应地，政府也制定了许多政策法规，以促进产学研合作的顺利开展。然而与产学研合作相关的综合性科技立法，最早的是1993年通过的《中华人民共和国科学技术进步法》，以及于1996年通过的《中华人民共和国促进科技成果转化法》，这两部法律的制定与颁布，都是与产学研合作直接相关的立法，体现出国家以重点领域立法的形式，给予了产学研合作重要的法律保障，这两部法律也成为指导我国产学研合作的重要法律文件。基于这两部法律的综合性规定，各级地方政府部门也相应地制定出了本地区的技术进步与成果转化条例。在此之后，与产学研合作相关的法律，大多散落于不同领域的法律文本中，如《中华人民共和国高等教育法》《中华人民共和国中小企业促进法》等，它们分别从教育和企业发展的角度，对其参与技术创新活动进行了明确规定。这些法律法规都表现出国家对产学研合作的重视，是确保产学研合作政策法规的结构与体系顺利构建的基础。因此，进一步促进产学研合作相关法律的制定，有利于推进各级政府和不同行业领域完善技术创新方面的规定，促使产学研合作在当地更好地开展。

②加快制定产学研合作的专门立法。专门立法是对于特定领域而言制定的专门性法律，是该行业领域的根本性法律基础，专门立法对于确保该行业相关活动的顺利开展具有重要的作用。产学研合作的专门立法是针对产学研合作

领域的专门性法律，是产学研合作政策法规的必要法律基础。加快制定产学研合作的专门立法，对与产学研合作相关的各级行政部门进行责权界定，可以更好地明确产学研合作中各技术创新主体的责任归属，从而减少不必要的矛盾纠纷。产学研合作的专门立法还是产学研合作政策法规结构与体系得以完善的法律基础，因此，加快制定产学研合作的专门立法，对于确保产学研合作顺利进行，更好地构建产学研合作政策法规的结构与体系，具有重要的作用。

（2）体现合作主体之间互助互通互享的利益需求

产学研合作是一个涉及多方利益、合作关系复杂的创新体系，要想研究产学研合作的法律关系，需要对产学研合作的主体有一个清楚的认识，只有明确各组成部分在其中承担的职责和所起的作用，才能更好地对产学研合作的问题进行深入研究。学术界对产学研合作的主体没有统一的划分，主要从分析产学研合作的内涵入手，强调各组成部分所发挥的实际作用。

产学研合作的主体是指在产业发展中，以达成相应目的为追求，协调各合作方的利益，主要进行产品研发、科研成果创新等科学研究活动，并且在整个产学研合作中起着重要支配作用的目标任务承担者。这些合作主体之间的合作，不仅可以发挥主体的合力作用，更是体现出了主体之间互相帮助、互相沟通、共享科研成果的利益需求。

①产学研合作主体的构成。在产学研合作中，企业、高校和科研机构是主导，政府、中介机构、金融机构和用户等以间接形式参与，各主体之间密切合作。根据不同主体在产学研合作过程中所发挥作用的程度，可以将产学研合作的主体分为直接参与主体和间接参与主体。直接参与主体一般包括企业、高校和科研机构，间接参与主体包括政府、中介机构、金融机构和消费者等。企业是技术成果的需求者，高校与科研机构是知识和技术的提供者，政府是创新活动的管理者，中介机构是信息咨询的服务者，金融机构是资金的募集者，用户是技术创新产品的消费者。在产学研合作过程中，各创新主体承担着不同的职责，凭借相应的资源优势，发挥着不同的作用，使得在整个合作过程中，以企业、高校和科研机构为中心，围绕着技术创新的使命，交织成一个巨大的创新活动网络，有效带动了市场经济的发展。开展产学研合作是国家进行技术创新的一条重要途径。

②合作主体的法律保障体系。产学研合作主体的相关制度规定，是产学研合作政策法规体系的重要构成部分，主要包括教育、经济和科技方面的政策法规，这些政策法规共同构成了产学研合作主体法律保障体系。

教育制度方面，主要是鼓励各大高等院校，加强与企业等社会机构的生产研发合作，促进知识在各生产要素之间的流动，以及科研成果的转化。经济制度方面，主要与企业生产及产品研发相关，鼓励企业加大技术创新的力度，加强与高校、科研机构的合作。科技制度方面，主要成果转化相关，鼓励科研机构与企业加强合作，共同进行技术创新。除此之外，还包括与中介机构改革相关的制度，以及与消费者相关的产品使用制度等。这些与产学研合作主体相关的政策法规，共同构成了产学研合作主体的法律保障体系。这些产学研合作主体，彼此之间互相独立，又因为有着共同的利益需求而相互联系、沟通和帮助，从而共享科研成果。唯有这些方面的政策法规不断充实完善，并加大对各技术创新主体的支持力度，才会促使产学研合作主体强化对技术创新和成果转化的认识，进而促进产学研合作的深入开展。

（3）需要完善的系统性配套政策法规保障

产学研合作是促进技术创新的重要途径，产学研合作的顺利开展，必然离不开相关政策法规的支持。自改革开放以来，我国政府越来越重视技术创新对经济发展强有力的推动作用。由早期对于教育、经济和科技方面的政策改革，以促进产业界、学术界和科研界的联合，到近来提出的以“建设创新型国家”为目标的创新驱动发展战略，均体现出国家对产学研合作的重视。完善产学研合作法律法规，重要的是建立健全产学研合作政策法规的结构与体系，只有这样，才能更好地促进产学研合作有序开展。

①产学研合作政策法规的结构保障。政策法规的结构表现为自上而下的层级形式，体现出国家的政策精神、行业主管部门的统一部署和地方政府的实施意见。产学研合作政策法规以《中华人民共和国宪法》为统领，以各级政府部门制定的政策为指导，包括综合性科技法律和行政法规、地方性法规和部门规章等、地方政府规章等。产学研合作的开展，首先需要国家层面的法律保障，如《中华人民共和国科学技术进步法》和《国家中长期科学和技术发展规划纲要（2006—2020年）》，这两个政策法规从国家层面提出了对产学研合作的总要求。其次，还得由各省级权力部门制定出地方性法规，以规范本行政区划内的产学研合作活动。另外，还得有教育部、工商部等部门的部门规章，这是由国务院下属各部委根据产学研合作的整体发展态势，制定的发展计划。最后，还得依靠地方政府的大力支持，由各地方政府根据上级政府的指导意见，结合本地实情制定具体的实施办法。产学研合作政策法规的结构要求，表现出法律的纵向层级性，只有在国家对于技术创新的整体性决策部署下，构建出层次清晰、相互制约的产学研合作政策法规，才可以更好地推动产学研合作的开展。

②产学研合作政策法规的体系保障。政策法规的体系表现为横向的关联形

式，由若干个相互影响的要素共同组成，体现出整个系统内各分支之间既独立又关联的关系。产学研合作政策法规的体系主要包括，技术创新主体、科研管理、科技中介机构、成果转化和知识产权方面，这几个组成部分彼此相互独立，又相互影响，共同构成了产学研合作政策法规的体系。技术创新主体政策规定了参与技术创新的各主体的职责，使得相关主体参与产学研合作有法可依。科研管理政策涉及产学研合作中科研经费、科研设备的使用与管理方面，对于参与技术创新的人员的付出，以及资金、设备的配置，作出了必要的规定。科技中介机构相关政策包括科技中介机构的专业化服务能力、行业的结构规模和机构的管理运行机制方面，它是促进产学研合作顺利进行的第三方机构。成果转化制度是对于科研成果由实验室走向市场，被消费者群体购买应用的相关规定。知识产权的归属与分配是关于产学研合作中产权保护方面的法律制度，避免了产学研合作中由于产权不清晰而引起的纠纷。产学研合作政策法规体系方面的要求，表现出法律的横向关联性，每一个子系统分别对应于产学研合作的相应环节，各要素之间相互关联，共同为促进产学研合作的顺利进行提供必要的法律保障。

（六）产学研合作的共生及复杂网络特性

随着产学研合作的不断发展，合作不再仅仅是一对一的简单模式，产学研的合作越来越复杂化，往往形成区域集聚的特征，体现出了生物意义上的共生特性。同时产学研合作越来越向着网络化方向发展，因此，基于社会网络的研究成为当前研究产学研合作的一个新视角。

1. 共生理论的产生与发展

“共生”最早出现在生物学领域，指的是动植物之间相互利用双方特性在一定区域内共同生存的现象，由德国生物学家德贝里于 1879 年首次提出。之后的研究中又将其抽象为不同属性的物质之间建立联系而形成的共同生存、相互促进或抑制的关系。早期关于共生的研究主要集中在生物领域，如对光合生物和非光合生物的研究，发现二者之间存在着共生关联的关系；美国生物学家、博物学家爱德华·威尔逊于 1990 年提出了自然生态圈中各种生物之间通过食物链关系建立的寄生、偏利共生及互利共生等模式。共生在生物学领域已经形成了一门分支学科，在生物进化的方面起到了重要的作用。

从二十世纪中叶开始，共生的研究方法开始应用于社会人文、经济合作等哲学、社会科学领域之中，并取得了较好的成果。西方学者开始尝试从生物现象中探索哲学、经济等发展规律，运用共生方法来解决问题。共生理论在经济学中最早的应用主要在工业生态方面，“工业共生”和“产业生态网络”的概念开始出现，通过模仿自然界生物群之间的相互作用，产业生态网络可以实现企业之间资源共享的工业共生。随着工业的不断发展，共生理论在经济系统的研究中也有应用，认为区域经济系统之间存在着各种物质和信息资源的联系，这种联系就构成了经济体之间相互影响的共生关系。经济系统中企业之间资源和废弃物的相互利用，可以形成一个产业共生循环系统，因此便出现了产业生态系统和产业共生的相关概念。卡伦堡工业共生案例的成功研究，带动了工业共生理论的发展。

我国最早将共生理论应用到社会科学领域的研究是关于小型经济体的共生研究，由此总结出了较为完善的共生模式及共生机理等模型特征。在生态工业方面我国学者也有深入研究，如对生态企业共生体行为方式的研究，对生态工业园建设中的自主实体共生和复合实体共生等问题的研究等。随后的研究发现，在区域经济合作相关问题的研究中同样可以运用共生理论来进行分析，共生理论也可以用来研究银企关系中银行与贷款企业之间如何共生，可以很好地指导区域经济的协调与发展。可以说共生理论在经济学上的应用已经非常广泛。

2. 共生理论在产学研合作中的应用

产学研合作在不断的发展中越来越复杂化，区域之间的科研合作也越来越频繁，产学研合作逐渐呈现出共生化和网络化的特征。产学研合作与产业共生之间具有许多的相似性，因此许多学者考虑将共生理论应用到产学研合作中进行研究。

国外关于产学研共生的相关研究出现得较早，美国学者罗博特·D. 希斯瑞克于 1988 年提出，商业机构和大学之间的技术和知识的转移会导致在此基础上形成一种共生的关系。企业和大学之间资源互补，大学为企业提供技术及专利等从而获得科研经费，企业通过资金注入获得技术成果从而提升自身研发水平，这样的资源循环实际上就形成了一种共生的状态，产业和大学之间的共生是科学社会主义的一种新模式，对经济发展具有重要作用。之后学者又通过案例研究了产学研共生对经济发展的影响等，发现大学与经济体之间的研发合作会逐渐形成共生的状态，对于促进区域经济的发展具有重要的作用。对于产学研共生效率问题的研究认为，应该从共生效果路径出发，通过优化共生界面和改善共生能量分配机制来提高效率。

国内关于产学研共生的研究出现得相对较晚，最早提出的一种“学校创办企业，企业反哺学校”的大学与企业间的合作模式，就体现出了产学研共生的关系。早期共生理论在产学研合作方面的应用是在企业与研究机构之间，由此总结出了产学研共生的一些理论框架。在对我国产学研合作存在的问题进行研究之后，发现当前普遍存在对产学研合作模式认识不清的现状，这是造成效率低下的主要原因，并由此提出了产学研合作改进的共生模式进化方向。但同时有的研究则认为产学研共生不存在进化的路径，共生模式普遍存在并无明显的优劣之分，只有合适的共生模式才能带来实际合作效率的提高。总之，产学研之间存在着协同进化和互补的基础，但运用共生理论研究产学研合作问题只适合理论上的探讨，深入的实证分析还不够成熟。之后的研究中又将网络特征引入共生模型中，认为在产学研联盟和产学研网络中，企业和大学之间的关系就属于共生关系。在此基础上建立了产学研共生网络模型，并详细阐述了模型的概念、方法论及主要内容等。之后在产学研共生理论的基础上，对产学研共生模型的研究采用了质参量兼容的模型，并提出了一种有向加权复杂产学研共生网络的方法。

3. 产学研合作网络具有小世界特性

国内外关于产学研合作网络的研究，最初是用网络的概念研究产学研合作关系，以及如何构建产学研合作创新网络以提高产学研的合作绩效、合作效率等。后来随着小世界网络理论取得突破性成果，越来越多的国内外学者将小世界网络理论应用于产学研合作网络的研究之中。小世界网络是介于规则网络和随机网络之间的一种网络，可以很好地描述产学研合作网络等人类社会的复杂网络。

小世界网络理论是描述网络间复杂关系的有效方法，在社会经济研究中应用广泛。符斯巴根等发现化学、食品和电力等企业之间进行战略联盟所形成的技术网络是一个小世界网络。考恩等发现机构代理商之间进行知识交流所形成的网络具有明显的小世界网络特征。夏昊翔等以 GUSA 模型为研究出发点，把科研合作网络演化问题和网络中知识创造与传播问题结合起来，提出了一个基于团队组合的科研合作网络动态建模框架。蔡宁等发现温州鞋革业和北京 IT 业集群中的各个成员之间的相互联系所形成的网络具有小世界网络的特征，与此同时，发现小世界网络的资源整合能力强于规则网络。

冯峰等提出产学研网络具有高度集聚和极短路径的特点，具有小世界网络的结构特征，通过优化产学研网络的网络结构，可以提高产学研合作的效率，促进创新。王朋飞等研究了不同年份镇江市产学研合作网络的结构特征，发现镇江市产学研合作网络具有小世界网络的特征。

产学研合作网络具有小世界特性的理论，为用小世界网络来进一步研究产学研合作网络提供了充分的理论依据，但是也存在无法反映动态的网络演化过程等不足。

4. 小世界网络在产学研合作知识扩散和转移路径中的应用

产学研协同包括组织协同、战略协同和知识协同等方面，其核心是知识协同。知识协同是指经过产学研主体间的合作，实现知识在合作主体间的有效流动，促进各个主体的知识创新和增值。因此，有些研究从产学研协同的关键环节——知识协同出发，探讨产学研合作网络中知识的扩散和转移路径。

一些研究学者发现，当知识网络具有小世界网络的结构特征时，有利于知识的转移和扩散。金姆等发现对于知识扩散，小世界网络是最公平且高效的网络结构类型。王崇锋等提出只有在小世界网络中才存在较高集聚系数与较短特征路径长度并存的情况，两者的交互作用使区域的创新发展达到了新高度。张兵等指出当非正式知识网络具有小世界网络的结构特征时，知识传递效率最高。徐升华等发现知识转移网络明显具有小世界网络的结构特征，并且此时知识转移的效率非常高。

一些学者则致力于研究提高知识转移和扩散效率的途径和方法。冯峰等提出可以通过缩短成员间“距离”、断键重连或不重连等方式来提高集群内知识转移的效率。赵顺龙等提出企业可以通过“断键重连”来寻找捷径以缩短知识转移的最短路径，提高知识转移的效率，或者通过优化中心节点来提高联盟的整体技术水平。孙耀吾等从 NW 小世界网络视角构建了高新技术企业联盟知识扩散模型，研究结果发现，减小网络的特征路径长度、增大网络的聚类系数和提高成员间的知识交流频率是促进知识扩散，提高创新效率，加快知识创新的有效途径。

在诸多研究中，仅有少数是从小世界网络的视角出发，研究产学研合作知识的转移的。林莉等将小世界网络模型应用于分析产学研合作中的知识转移，用聚类系数和特征路径长度这两个网络的基本结构特征来分析和描述产学研合作中的知识转移活动，为提高产学研合作效率提供了一种全新的思路。

（七）产学研合作教学的理论基础

1. 教育学视角

产学研合作是指企业（技术需求方）、科研院所和高等学校（技术供给方）之间的合作，其实质是促进技术创新所需各种生产要素之间的有效组合。从安德森的三个认知阶段理论的角度看，心智技能的形成需要三个阶段：认知、联结、自动化阶段。安德森还提出了应用情境与学习情境的一致性。该理论应用到高职院校的人才培养实践中表现为，为了促进学习者对知识的理解，提高学习者对知识的运用能力，让学习者用语言形象地表达出自己对知识的理解，学校需要安排一系列的学习活动，这一活动包括：信息的提取和识别、信息的输入和转换、信息的运用等。只有将学习者放置到真实的应用情境中，才能使学习者更好地掌握所学知识，并学以致用。高职院校专业知识的学习，应用的就是该理论。如顶岗实习，把学生放置到企业中，让学生在企业的真实情境中运用所学的知识理论，使理论和实践相结合，从而更好地掌握专业知识。

从教育与生产劳动相结合理论的角度看，产学研合作指的是学校和企业的合作，包括企业合理利用高校的科研成果。企业通过调查研究、实验等科学手段，认识事物的本质和规律，为研发新产品提供理论基础。信息量巨大的当今社会，高校再也不能只依靠以教师为主的、填鸭式的教学方式，必须与企业紧密地结合在一起，了解相关行业的生产流程和制作标准，只有与时俱进，才能培养出符合企业用人标准的人才。教学应该以学生为主体，实现“教、学、做”合为一体的教学方式。高校教师应该是“教练”，指导学生“学习—实践—再学习”，在实践中理解和巩固知识。教科书永远落后于实际操作，产学研的合作也为学生和教师的理论知识创造了实践的机会和场所。教育以现有的经验和学识，为人类解释各种现象和行为提供理论依据，具有主观性和客观性。而科研必须走在教育的前面，只有这样，才能使人类发展与进步。可见，人类的发展和进步离不开教育，发达地区的教育水平较为先进；而经济不发达地区的教育则较为落后。高职院校存在的意义在于服务于地方经济的发展，然而，高职院校是否能很好地服务于地方经济，又成为高职院校是否能生存和发展的重要标志。假设，高职院校培养的学生不能很好地为企业服务，那高职院校也就失去了存在的意义。高职院校人才培养的理念应不同于本科院校，两者应起到互补的作用。

2. 经济学视角

1984 年，弗里曼提出了利益相关者理论。利益相关者指的是企业对内环境和对外环境的利益相关者。企业对内环境的利益相关者包括员工、股东、债务人、债权人等，企业对外环境的利益相关者包括供应商、客户、政府部门、高校等。企业是以盈利为目的的组织，但是，企业的任何一项经营活动都需要平衡利益相关者的利益和想法。企业的生存与发展离不开对内对外环境，更加离不开利益相关者。从马斯洛的需求层次理论角度分析，需求有低级阶段、中级阶段和高级阶段之分，当低级阶段的需求得到满足后，人类就会想方设法满足高级阶段的需求。企业发展到一定规模和程度，就会有自我实现和被尊重的需求，企业有为教育事业提供实践场所的社会使命。政府部门应更多地鼓励企业与高职院校合作，为高职院校的人才培养和课程安排献谋献策，以为学生提供更多的实践的机会和场所。企业也需要高职院校为其科研成果提供有力的数据支撑和智力支持。高职院校为企业的科研活动提供了实验室和专业人才，比起企业自建实验室，能节约资金和时间成本。从该理论可以得出结论，企业与高校的合作有利益的驱动性，具有实际的意义。

1937 年，罗纳德科斯提出了交易费用理论。交易费用指的是，企业在交易过程中因搜索和过滤信息、签订和履行合同、谈判等而付出的成本。从交易费用理论的角度看，每个企业都有降低交易费用的需求。从自身利益出发，企业为了降低单独开发新产品的成本，都会考虑与高职院校合作。

企业与高职院校的产学研合作可以是多种方式的，科研结果可以用于新产品和新技术的开发，科研结果也可以转变成教学内容，这样学生就可以在课堂上学习到本专业的前沿知识。企业直接和高校合作，绕开市场的中间环节，大大降低了信息和资源搜索的时间成本和机会成本。另外，高职院校还为企业培训了员工与潜在技术人才，产学研的合作方式让企业降低了培训员工的费用成本与时间成本。高职院校通过与企业的对接与合作，降低了搜索与过滤信息的时间成本，为教师赢得了实践与提高教学质量的机会，为学生节约了“学生到员工身份转变”的时间成本。

3. 管理学视角

美国 DEC 公司总裁简·霍普兰德和管理学家罗杰·奈格尔最早提出战略联盟理论，从管理学的战略联盟理论的角度分析，企业可以通过与高校合作结成一个资源共享、长短互补的联盟，以此来达到双方共赢的目的。

二十世纪九十年代，美国社会学家亨利·埃茨科威兹和罗伊特·雷德斯多夫教授提出了三螺旋理论。三螺旋理论，即根据市场要求而抱团联结起来，政府、企业与大学形成了三种力量，是知识经济社会内部创新制度环境的三大要素。三螺旋理论的核心是，在知识经济时代，科研机构和大学成为主要的知识资产，被时代赋予了更高的价值。在经济发达的地区和城市，科研机构与大学通过研究中心、科研小组以及个人等建立起良好的合作关系，在区域内发挥了强大的技术创新辐射作用。从三螺旋的理论看，政府的有为可以带动经济的发展，带动企业的发展，吸引人才回流；反之，政府的无为会阻碍企业的发展，导致地方经济萧条，人才外流，企业外流，会加剧政府的财政赤字，更加发展不了地方经济。企业若没有加强与高校的合作，将会提高企业培训员工的时间和资金成本，无法获得前沿的科研技术；高校如果没有与企业合作，“闭门造车”地培养人才，培养出来的人才不但不符合企业的用人标准，还会浪费国家大量的人力和物力。如此一来，一方面，企业急缺技能型人才，从而制约企业的发展和壮大；另一方面，高校的毕业生就业率低下，制约高校的发展和扩大，造成恶性循环。因此，从该理论的角度看，企业、高校和科研机构的产学研合作势在必行。

二、产学研合作教学的现状

（一）产学研合作教学的目标不明确

产学研合作教学的主要目的就是通过学生在企业的实习、实践过程来实现学生从求学者到就业者的“直接过渡”，让更多的学生通过在企业实习，来掌握相应的专业技术。学校要让学生有机会在不同企业不同工作岗位上进行实习实践，让学生能够充分认识自身优势以及形成适合自身发展的职业规划。然而，当前很多学校只是把产学研合作教学看作一个教学内容，而学生也把企业实习实践看作一门课程，参与的主要目的就是完成学业。

（二）产学研合作教学的深度、广度不够

当前产学研合作教学大多还处于“基本合作层面”，也就是说在产学研合作教学的整个过程中，企业的作用只是单一地为学校提供学生实习或实践的场所，对于其他环节并没有给予过多的关注，合作的企业基本不参与教学计划的制定，完全由学校单方面负责。学校和企业没有共同成立专门的合作管理机构，不能够对产学研合作教学工作进行规范化管理，影响了该模式的长远发展。参与产学研合作教学的企业对于学校毕业生的接受度不高，为学校教学工作所提供的帮助也不多，从某种意义上说，企业参与产学研合作教学的主要目的是招收生产一线工人，对于投入精力培养学生并不感兴趣。同时，政府未能积极参与到产学研合作教学管理当中，所出台的支持政策十分有限。

（三）产学研合作教学的环境与条件不够完善

“定向培养”是当前产学研合作教学模式中的主要形式之一，也就是说通过学校与企业的联合定向培养，让学生在校期间专门学习某些技术，以便毕业后能够直接参与到企业的实际生产过程中。但是目前的产学研合作教学，企业

很少参与这些定向生的在校培养过程，甚至于这些定向生在实习、实践过程中也很少能够得到企业负责人以及技术人员的指导与监督。长期下去，学校难以为企业培养高素质的应用型人才，企业也不愿意接受与学校联合培养的学生。此外，由于职业教育招生规模的限制，紧靠每年所收取的费用来丰富学校的硬件设施非常困难，学生在学校难以得到充分的实践锻炼，教师只能够教授学生技术理论知识。政府没有给予充分的支持，企业为学校“双师型”教师培养所提供的支持也不足。

（四）企业参与产学研合作教学的积极性不高

产学研合作教学相关法律保障措施以及扶持政策的缺失，导致很多企业的积极性不高，甚至于有些企业会感觉到产学研合作教育教学给企业带来了压力。员工职业发展的自由性，加之没有相应的制度保障，让企业给学校提供资金或者设备支持时，会有一定的担忧。现在和学校联合培养的学生，将来很有可能去别的企业就职，造成企业投资的浪费。学校与企业的共同利益点不明确，严重影响了校企联合办学的发展。

产学研合作教学所涉及的方面非常多，需要政府、企业、学校三方面通力合作，协同构建一个长效机制，以保证学校和企业的长远发展。

三、产学研协同创新

产学研合作中，技术的需求方与技术的供给方之间的关系已经不再是简单的线性关系。通过产学研合作，参与各方形成了一个更加紧密且高效的协同合作关系，即协同创新系统，其中各创新主体之间会产生非线性的互动关系，进而产生协同效应。

改革开放之后，我国的产学研合作逐渐起步并缓慢推进，经历了产学研联合、产学研结合阶段后，逐步发展成产学研协同创新。产学研协同创新与产学研合作二者并不矛盾，产学研协同创新是在建设创新型国家的背景下，通过建立良好的运行机制和激励机制，对自主创新的内涵进行丰富和深化，从而进一步提高效率的一种合作模式。“产学研合作”与“产学研协同创新”并无本质区别。

（一）协同创新的内涵

协同创新就是将协同的思想运用到创新的过程中来，在创新过程中，不同的创新主体在充分发挥自身主要作用提高效率的同时，也可以通过主体间的相互协调、联合作用或合作互动等方式，达到提高效率和创造价值的目的。二十世纪八十年代后，科技创新和经济的联系越来越紧密，企业面临的竞争环境越来越复杂，协同创新也因此得到了发展，学者们开始不断展开对“产学研协同创新”主题的探究，思考产学研主体（企业和学研机构）之间如何进行要素互动以提高技术创新，进而促进经济增长。

结合“协同”和“协同创新”概念的发展，可以认为，产学研协同创新是指在产学研合作中，企业、大学和科研机构创新主体在各自具有的创新优势的基础上，注重主体间的资源互补，在政府、科技中介机构以及金融机构等相关主体的协助下，遵守联合开发、利益共享、风险共担的原则，共同开展技术创新活动。在产学研协同创新过程中，三个基本创新主体拥有的包括人才、技术、设备、信息、管理在内的要素会实现整合，不同主体为了共同的技术创新目标会进行协作，对要素进行有效配置，最终产生“1 + 1 + 1 > 3”的协同效应。

（二）协同创新的影响因素

一些学者从产学研协同创新的整体角度出发进行研究，普遍认为产学研协同创新效率的影响因素主要是参与的创新主体的自身特征、自身的资源和能力，包括大学、企业和学研机构的自身特点，学研方的科研能力，企业的资金投入能力，以及企业参与产学研协同创新的经验是否丰富等。创新主体的内部因素以及外部环境因素等是影响产学研协同创新的重要因素。产学研合作中创新主体的特征因素，比如学研方科研机构的质量、学研方人力资本的流动性、企业的组织结构、企业的资金吸收能力等都会对产学研协同创新成果产生影响。

一些学者从企业的角度开展了协同创新影响因素的研究。企业的 R&D（研究与开发）投入以及企业的规模大小会对产学研协同创新成果产生巨大的影响。企业自身的 R&D 投入越多，越有利于企业利用与其合作的大学或者科研机构的资源进行创新。企业规模的大小一定程度上能够体现企业的实力，企业的规模越大，为产学研开展协同创新提供的资源就越多，就越有利于产学研协同创新成果的产出。沃格勒等还认为企业其他方面的特征也是产学研协同创新的影响因素，包括企业的外资份额、企业的拨款制度、企业分担成本和风险的动机等。企业的所有权性质也会对产学研协同创新成果产生影响，主要是因为企业的所有权性质不同，其拥有的资源或者从外部获取资源的能力就会有所差异，这种差异会对其结果产生影响。产学研合作的科研创新和商品创新阶段中，国有企业和私营企业参与的效果有显著不同。此外，影响产学研协同创新的因素还包括参与合作的创新主体间的地理位置，参与企业所处的行业以及产学研协同创新的具体形式等。

一些学者指出，在产学研开展协同创新的过程中，创新主体间的互动交流，他们的合作目标、合作意愿以及文化融合情况等都是影响协同创新成果的因素。古柏等对化学工程领域的产学研协同创新联盟进行了研究，将美国、法国和日本等国的联盟进行对比发现，产学研联盟中合作主体间是否具有共同的价值观以及在利益分配方面是否达成共识都会影响产学研协同创新成果。参与产学研合作的企业、学研方机构间之前是否有过合作或者认识，会影响协同创新的效率，如果主体之间之前认识或者合作过，那么在此次合作过程中双方的默契程度和信任度会较高，产生的冲突较少，能够节约成本，提高效率。李梅芳等基于产学研合作满意度的角度探究了产学研协同创新成果的影响因素，指出产学研合作主体（企业和学研方）间文化价值的融合程度、科技中介机构及风险投资介入是三个关键的影响因素，而合作中的利益分配问题和信息渠道不会对协同创新成果产生显著影响。产学研协同创新系统的耦合互动会影响协同创新各主体在互动过程中的行为，并进一步影响协同创新成果的产出。因此，产学研协同创新的关键在于系统的耦合互动，增加产学研合作各主体间的合作和互动，能够改善产学研协同创新效果。

技术创新能够促进经济的增长。很多国家在创新体系中越来越重视产学研协同创新，各国政府也介入了产学研协同创新的各个方面，因此，有很多学者对政府在产学研协同创新中的作用进行了研究。美国最早建立了完整的上游、中游和下游产学研协同创新体系，其中上游的重点是研究开发工作，中游的重点是应用型研究，下游的重点是企业间的技术应用开发工作。政府在产学研协同创新的各个阶段中都有参与，这对美国半导体产业的发展产生了不可低估的积极影响。

艾伯特等对英国主要大学的工程部的数据进行了研究，结果表明政府投入对产学研协同创新科研成果的数量、实用性及影响力都产生了积极的影响。无论是在东部地区还是中部地区，我国政府的支持对产学研积极开展协同创新都有显著的促进作用，不过这种促进效用呈现递减的趋势。

四、高职院校与校办企业的产研结合与产学结合

（一）高职院校与校办企业的产研结合

校办企业产品的研发既有高职院校专业人才队伍的参与，也有校办企业的工程技术人员的参与。在校办企业产品的研发、设计、生产管理、制造工艺等

方面，均要考虑到产品的市场竞争力，因为只有产品的市场竞争力强，市场需求大，才会真正给学生的生产实践带来充足的产品加工，学生的技能技术才能得以提高，职业院校培养学生的目标才能够实现。在研发的过程中，还要结合学生的实际技能水平，因为只有这样，才能实现真正意义上的产研结合。

（二）高职院校与校办企业的产学结合

高职院校与校办企业的产学结合主要针对企业的产和学生的学。要做好产学结合，应从以下几个方面的结合工作做起。

一是校办企业产品的生产工艺和生产计划要结合高职院校的专业情况、学生的技能情况来确定。校办企业自身有专门从事产品生产加工的技术工人，他们有各自的岗位和工作，作为企业来说，安排好企业的正常生产工作是企业能够正常运转的关键。但是校办企业既要考虑自身的生产调度，又要确保向学生提供足够的实习工位，以完成高职院校的教学计划。

二是高职院校教学计划的制定要与校办企业给学校提供的实习岗位相结合。企业能提供给职业院校学生的实习岗位是一定的，学校在制定实习计划时，要考虑每次可以进入企业实习的学生人数，如果人数安排得过少，本来有限的实习资源就会浪费，如果人数过多，则会给校办企业的生产运营带来很多不便。

三是校办企业要充分利用高职院校的设备、设施。学校的有形资产和人才资源是高职院校十分宝贵的可利用的资源。高职院校培养技术应用型人才不能没有实习实训场所。通过产学合作，企业能为学生提供实习、实训条件，安排学生的生产劳动，解决学校实践教学中的困难。企业在生产加工过程中有时会因产品加工量大而出现设备、设施不足的情况。这时，通过校办企业与职业院校的层级关系，通过合理安排，高职院校的设备设施也就成了校办企业从事生产的有利资源。与此同时，职业院校的学生和实习教师，也就成了企业的人才资源，解决了企业的短期用工问题。这样，高职院校与校办企业也就实现了资源的共享。

四是实习教学的组织和校办企业的生产管理相结合。高职院校与校办企业要实现产学上的真正结合，就要从实习教学的组织与产品零件的生产管理的结合入手，把学生的实习安排和产品零件加工的每道工序联系起来，把产品的生产调度、生产质量与学生的实习次序、成绩评定联系起来，从组织、安排到生产管理形成一套有序的管理次序，使其真正地结合在一起。

第七章　当代高职教育国际化发展路径

高职教育现代化的重要内容和重要标志之一是高职教育国际化。这也是中国高等职业教育实现21世纪跨越式发展的重要途径。我们要促进教育理念、教育体系、教育模式、教学内容、教育方法和教育手段的现代化，繁荣国际学术交流，加快高等职业学校的国际化进程，最终促进中国高等职业教育的现代化。本章分为西方国家高职教育的特点、高职教育的国际化发展与质量保障、高职教育国际化发展路径的经验借鉴、高职教育国际化发展的实现路径探索四部分。主要内容包括：我国高职院校国际化办学的机遇、我国高职教育国际化的进步与不足等方面。

第一节　西方国家高职教育的特点

当今教育继续走向国际化，这对高等职业院校的教育质量、人才培养模式和办学水平提出了更高的要求。在这种情况下，通过国际合作模式培养实践和国际人才是高职教育的必然选择。

西方发达国家的高职教育起步较早，发展较快，积累了丰富的经验，形成了特色鲜明的办学模式，尤其是美国、英国、日本、德国等发达国家职业教育的发展对世界各国都有一定的影响。学习别国先进的办学模式，对我国高职教育的改革与发展具有重要意义。

一、以公立学校为主

通常高职教育主要涉及工科类专业，对于师资、实验室以及教学器具都具有很高的要求，因此想要凭借民间财团建构一所高职院校有些困难。除此之外，这样的学校需要与企业进行合作，因此离不开政府从中进行协调起到桥梁作用。纵观各国的高职教育模式，多是由各国的教育部门作为主办方。同时各国也认识到人才是发展经济的关键，各国政府为加强自身实力也很愿意出资创办公立学校以培养实践型人才。

二、理论与实践相结合

高职教育与高等教育的不同之处在于高职教育面向职业化，而不是理论化，这一特点就决定了高职教育必须坚持理论与实践相结合。无论是培养机制，还是课程设计，高职院校都应面向企业需要进行人才的培养。除了纯技术上的学习，理论的学习也很重要。帮助学生进入企业之后不断紧跟企业更新步伐的是强大的理论基础，也是掌握技术的根本。因此理论与实践相结合是高职教育最突出的特点。

三、课程灵活多样

在日本和美国，有短期和长期两种不同的课程，给求学者提供了方便，容易完成个人的充电。灵活多样的课程设计，一方面在形式上吸引了更多的人参与高职教育；另一方面也使得学校在教学安排上与企业的更新换代保持一致，避免了教学资源的浪费。

四、开展合作办学

各国无一例外地在高职教育上都与企业展开了亲密的合作，包括让学生去企业实习，企业为学校建立实验室，双方共同制定教学计划，等等。学校培养的人才最终要进入企业，因此企业需要什么样的人才最终决定了学校的培养方式和课程设置。学校与企业合作是高职教育模式不可避免的，也是理论与实践相统一所必需的。

第二节　高职教育的国际化发展与质量保障

一、我国高职院校国际化办学的机遇

随着经济全球化、贸易自由化进程的不断推进，国际竞争的实质已经变成了精英人才的竞争，而教育水平的高低是人才竞争的关键。高职院校的改革发

展日益得到社会各界的支持与关注。高职院校的国际化合作因其门槛低、见效快、历时短受到各国教育主管部门和高校的欢迎，高职院校也积极发展国际化办学，一方面是为了积极促进高职院校自身的发展，培养高职人才，提供社会所需的国际化人才；另一方面也因为有其强大的内在需求，能够实现学生、学校、社会发展的共赢。大力推进我国高职教育的国际化进程，是当前各高职院校急需研究的重要课题。高职教育越来越受到社会的重视和关注。高职教育的发展，特别是近年来快速发展的国际化教育，日益成为人们关注的焦点，而我国高等教育发展从规模扩张到质量提升的战略转移，使得“质量保障”成为近年来学界尤为关注的关键词。

二、我国高职教育国际化的进步与不足

目前，高职院校的合作办学出现了一些问题，如师资水平参差不齐、课程及专业设置不合理、管理水平低下、质量监管不强等。本节从高职教育国际化的质量保障入手，重点讨论了高职院校合作办学目前存在的主要问题，以及如何解决这些问题，以期发挥高职院校合作办学的优势，提高教学质量。

经过调查发现，许多高职院校的国际化发展动力都很强，各个学校基本都形成了以校长为组长，以副校长为分管领导的高配置的国际化发展领导班子，并设有国际合作处、对外教学部等具体负责该工作的部门。在国家政策的引领下，各校积极吸引国际学生，不管是短期的语言培训还是长期的正规职业教育，都有了很大的进展。山东科技职业学院目前已有在校外籍学生近 400 人，其中短期语言培训生 270 余人，接受完整职业教育的有 100 余人。可以说目前各院校的国际化发展取得了非常大的突破，受到了国际学生，尤其是亚非拉学生的欢迎，达到了合作共赢的目的，促进了双边文化交流。

同时通过调查也发现，各院校不同程度地存在着师资水平参差不齐，合作办学水平不高，课程及专业的设置和高职院校学生的实际情况有出入，对学生的培养和管理不到位等问题。比如目前各院校的师资配备普遍存在着不足的情况，很多语言老师都是从英语系等院系的教学老师中临时抽调的，专业针对性不足，效果不是特别好，学生一般只能学到基本的交际语言，对于一些地方性的俚语、专业性词汇等的学习不够，造成学生在实际交流中会出现一些不明白、不理解语义的问题。又比如对外籍学生的管理，目前多采用单独宿舍楼管理的方式，不利于他们与本地学生开展交流；而且对于外籍学生的教学质量管理，目前各高职院校普遍缺少一套标准的体系，各成一体，普遍缺少标准化的评价管理。

三、高职教育国际化质量保障解决方案

针对高职院校国际化发展过程中出现的问题，通过研究提出以下解决方案：高职院校的国际化发展需要有相应的质量保障，高职院校应集合优势教育资源，通过加强师资力量，提高教学质量；并根据外籍学生的不同特点，设定个性化的教学方案，不断创新，探索标准化的管理方式。只有做到以上几点，才能使合作办学办出特色，办出品牌，达到培养人才的目的，使得高职院校在国际化发展方面取得更大突破。

近几年来，“一带一路”倡议已经成为我国深化对外开放的重要举措。“一带一路”倡议的成效也是很显著的，它对我国社会生活的许多领域都产生了重要的影响，如经济、政治、教育等。如今，“一带一路”倡议的推进，推动着我国的教育事业和国际接轨，这也是教育向前发展的一个很重要的方向。尤其是在高职领域，与“一带一路”沿线国家开展充分的合作，是提升我国高职教育质量的一个有利举措。

四、借助“一带一路”倡议提升高职教育的国际化水平

中国历史上的各时期对于国家的开放与封闭都有一定的探索。教育是关系国家生计、发展的重要事业，如何提高教育的质量，造就、培养更高水平的专业人才是教育者必须思考的问题。想要让教育适应时代的需要，首先要搞清楚我们的时代需要什么，我们正处在什么样的时代。如果关起门来搞教育，或者说忽视教育领域内的对外交流，我们就无从得知国际上先进的教育理论，以及高职领域内各学科的具体理论知识发展到了什么样的水平，更没有办法把国外的先进教育思想、专业知识引入国内，这就会造成我国的教育事业落后于世界先进国家的情况。为了使这种情况不发生，我们必须要重视教育领域的对外开放和对外交流。

目前，我国进一步落实对外开放的举措就是“一带一路”倡议的提出，以此为依托我国已经在经济层面取得了许多新成就、新成果。也就是说，“一带一路”倡议已经取得了很大的成效。借助“一带一路”倡议的便利，使我国的教育事业进一步对外开放，也是很重要的。特别是在高职领域，在过去的很长一段时间里，我国将很大一部分精力都投入了高等教育，高职教育在物质条件和师资力量上是比较薄弱的。但随着我国经济的不断发展，越来越多的技术型专业人才在人才市场中变得抢手，他们也正发挥着越来越重要的作用。所以，我国的教育部门、青年群体、学生家长都对高职教育变得越来越重视。近几年来，越

来越多的高职院校被建立、扩充，在教学的硬件条件上取得了很大的进步，而且高职院校的师资力量也在逐渐地扩大。目前，“一带一路”倡议已走入欧洲，我国的高职教育可以以此为契机，和欧洲发达国家的高职教育界开展合作和交流，提高自身的发展水平。

第三节　高职教育国际化发展路径的经验借鉴

新加坡高等职业技术教育起步较早，在职业技术教育刚刚兴起之时就已出现，几乎与职业技术教育站在同一起跑线上，经过几十年的探索与发展，已具备健全完善的教育体制、先进的教学理念与模式。我国应借鉴其经验，提升自身的高职教育水平，要抓住“一带一路”倡议契机，构建国际化职业资格认证体系，打造中国高职教育品牌。

相比西方发达国家，新加坡在文化传统、思想意识等方面与我国有很多相似之处，其高职教育在国际化发展过程中的发展理念、战略举措、运作方式等方面的改革都将对我国高职教育国际化路径的选择具有一定的启示意义。新加坡是目前世界上高职教育国际化程度最高的国家之一，其职业教育体系也具有高度的国际化水平。

新加坡高职教育的国际影响力和地位与其成功的国际化发展路径和策略分不开——从简单引进国外资源到结合国情改造创新，再在此基础上建设世界一流水平的高职院校，故不仅如新加坡国立大学、南洋理工大学纷纷跻身世界百强大学，它的 5 所理工学院更是世界一流的综合性高职院校，在世界上得到了充分的认可。

一、新加坡高职教育国际化发展举措

为了使高等教育国际化，新加坡采取的措施有：双语教育政策、教师国际化，同知名的大学合作，加强国际交流和合作等。与之相一致的是，通过人才国际化、课程国际化、与国际知名企业合作和开展国际培训等，新加坡高职教育在办学理念、目标定位、师资队伍、学生来源、课程体系和科研合作方面也表现出较高的国际化水平。

（一）人才国际化

新加坡由于国家小，人口也少，仅依靠当地人才来促进经济发展还远远不够。所以，他们吸引海外人才和学生来新加坡工作。近年来，新加坡一直在鼓励高技能人才移民，并采取了一系列优惠政策来吸引人才。

①从世界各地招募高级教师。新加坡高等职业学校不仅仅招募优秀的工程技术人员担任专业教师，而且不断引进国外教学资源，通过多种渠道进行职业教育。大学教师的高薪聘用制度吸引了来自海外的优秀教师加入大学教师团队，从而增强了新加坡大学的国际竞争力。

②充分确保教师能够出国培训和深造。新加坡政府一直与发达国家合作，始终把教师培训放在第一位。新加坡高等职业学校会定期派教师参加国外的学术交流会议，并让其在海外企业学习或兼职，以丰富教师的经验，提高教师的国际教学水平。为了使教师与国际社会接轨，新加坡的理工学院积极为教师提供出国学习和交流的机会。

③政府专门设立了特殊的“总统奖学金”“公共服务奖学金”和“国际学生奖学金”。此外，新加坡还出台了一项政策，对外国学生的收费仅比本地学生高 10%，以此鼓励外国学生来新加坡学习。因此，政府鼓励职业院校与世界各地的政府、高等教育机构和企业建立伙伴关系，以寻求经验，共同发展。

（二）课程国际化

从二十世纪末开始，新加坡政府在职业教育的中长期发展计划中实施了“海外培训计划”。政府每年都会选拔一定数量的优秀学生，将其送往发达国家的大型企业进行实习和进阶培训，政府还会为海外实习生和学员提供往返旅行费用和生活津贴。每年都有数千名来自新加坡高等教育机构的学生被派往国外实习。新加坡非常重视以出口为导向的职业教育，以国际视野培训职业技术人员，使他们有能力参加国际竞争。通过将课程与国际前沿科技相结合，再加上当地的工商业培训，新加坡高职院校的学生可以接触到更广泛的知识，并了解不同国家的文化和不同种族的生活，毕业即获得最新的专业技术。

（三）与国际知名企业合作

新加坡高等职业院校通过与外国政府或公司合作，如共同建立培训基地，不仅解决了资金困难的问题，而且引进了现代化的教学设备。新加坡理工学院和企业之间有着普遍的联系。这些公司不仅在新加坡，而且来自世界许多国家和地区。例如，新加坡南洋理工学院（NYP）非常重视与国际企业或机构合作。

来自世界许多国家和地区的著名跨国企业都与其开展了深入的校企合作。该学院学生不仅可以更好地了解全球大型公司的运作，还可以在老师的带领下参与各种企业的运营，并获得理论和实践方面的先进知识。

（四）开展国际培训

新加坡政府在引进国外先进技术和设备的同时，还引进了培训资源，并建立了培训中心和技术学院，以培养高级技术工人。此外，新加坡政府也非常重视开展国际培训。

南洋理工学院国际（NYPi）是与南洋理工学院（NYP）平行的国际培训机构，下设项目中心、国际职教研修中心等，负责加强 NYP 的全球业务，并积极提升 NYP 的全球影响力。NYPi 是新加坡外交部和其他政府机构的培训合作伙伴之一，支持新加坡政府的技术援助举措，举办了许多有助于发展中国家教师能力建设的专门培训，并为各种组织提供优质的培训课程，如世界银行等。

二、新加坡高职教育国际化发展路径特征

经过 50 多年的发展，新加坡已建立了符合本国国情，具有地方特色，能为经济社会发展服务的高等职业教育体系。

（一）以符合本国国情和本土特点为根本

新加坡高职教育之所以在短期内取得了斐然的成绩，离不开对别国先进经验的借鉴，如德国的“双元制”模式、英国的“三明治”模式、澳大利亚的“立交桥”模式、美国的“渗透型”模式和日本的产学研合作模式等。

但在借鉴过程中新加坡坚守“适合自己的才是最好的”理念，参照前首先对被借鉴国先进经验产生的背景条件与使用范围进行充分研究，再结合本国实际加以改造，创新性地借鉴和利用。这也是南洋理工学院院长林靖东多次组团赴联邦德国、法国、英国、美国和日本等工业发达国家学习职业教育模式，但认为“没有一个模式能应对新加坡未来工业的发展”的原因所在，更是新加坡高职教育与别国先进职业教育模式看似有相似之处、实则又有独立巧妙之处的原因所在。

除了自主创新，新加坡的高等职业教育还坚持开放式创新，这始终符合国情。如二十世纪八十年代德新学院就根据两国国情的不同（德国以企业为主完成培训任务，新加坡企业规模不大，且没有专门的培训中心以完成高质量的技

能培训工作），在借鉴德国“双元制”模式的基础上创建了新加坡的“双元制”——“教学工厂”，实现了院校、企业和培训中心的有机结合，不仅被新加坡各理工学院广泛采用，且成了有新加坡特色的“双元制”。随后，新加坡南洋理工学院为适应社会经济发展提出的新要求，又前瞻性地将“教学工厂”升级成“科研创新工作坊”。这些工作坊密切关注国际新技术，根据国内外经济发展趋势，预测各领域的人才需求，在此基础上制订招生计划，并随之动态调整专业和课程设置，为学生提供接受和创造新知识、新技术的机会，以最大限度发挥个人潜质。此外，政府还明确提出了提高创新和创业能力是学生适应不断变化的世界的唯一途径，并为学生发挥创意提供各种契机，鼓励理工院校指导学生参加国际创业大赛。

（二）始终以国家经济发展为核心

建国初期，新加坡采取出口导向型经济发展战略，主要通过引进外资来调整产业布局。为了确保进口的先进设备能够充分发挥其效力，客观上需要一支由大量专业管理人员、技术人员和熟练工人组成的团队。在这种认识的基础上，新加坡致力于发展其人力资源，并培养了大量国际技术和管理人才，以满足该国不同阶段和战略发展的需要。新加坡的高职教育始终坚守如下原则：以新加坡的经济发展为己任，服务于新加坡国民和社会经济发展的需要，服务于行业和经济结构调整的需要，服务于企业改革的需要。

第四节　高职教育国际化发展的实现路径探索

经济全球化使国际人才成为焦点，高职教育体系必将朝着国际化的方向发展。高职教育的国际化已经实现了世界范围内高等职业教育资源的共享，对我国高等职业教育的可持续发展具有深远的意义。

一、紧握高职教育发展与变革的最新趋势

高等职业教育是中国教育体系中最具特色的分支之一，旨在培养实践型人才，为社会经济和工业发展提供丰富的人力资源，促进产业升级。高职教育承担着高等教育扩展的大部分任务，并逐渐从教育体系的边缘向中心转移。二十世纪末，我国同德国、加拿大和其他国家进行了职业和技术教育交流，借鉴了世界上发达国家高职教育的先进理论和办学经验。

（一）高职教育国际化的内涵

国际化是国家之间的参照和交流，它是建立在主权国家不同文化的前提下的。随着国际化进程的深入，它将超越国家范畴，进入区域化发展阶段。教育国际化的内涵是丰富的，它要求所有国家开放其国内教育市场，强调空间开放性，即容纳别国在本国开办学校，并允许本国在别国开办学校。同时，它需要教育主动适应国际发展与交流，并强调各国高等教育的改革与创新。

（二）高职教育国际化发展理念

在经济全球化进程中，资本和生产更加国际化，国家之间的经济联系不断加强。互联网的发展和信息技术的发展极大地影响了教育的发展，汉语教育将融入国际教育。高职教育正处于良好的发展时期，人才培养应突出教育国际化的特点，树立全球观念；要满足经济全球化对人才的需求，人才培育类型要多元化。中国高职教育有必要参与国际教育合作与竞争，其人才培养模式和专业设置必须适应社会进步和经济发展的需要。高职院校的发展水平和程度是社会进步的重要标志。

二、明确全球经济一体化对当前高职教育的新要求

高职院校应树立新的国际职业教育发展观，进一步转变观念和认识，坚持在开放中求生存，在交流合作中求发展的理念。

（一）调整人才培养结构

当今世界的经贸活动需要一批熟悉法律、国际贸易实务等的国际人才，职业教育是国际事务的后盾，如果不能提供相应的人才，将影响中国在世贸组织中的地位。当今世界的职业教育面临的问题是如何与世界衔接，只有调整人才培养结构，适应 WTO 规则，才能为企业提供国际人才，增强企业竞争力。

（二）加强国际合作

总体而言，国际合作不再是狭小范围内的两国之间的合作，而是许多国家之间的合作。因此，在教育国际合作方面，多元化和区域性国际合作已成为发展趋势。我国要加强国际合作，尽快提高我国高职教育的整体水平，培养具有国际视野的高级人才，为提高我国国际竞争力，促进科技发展奠定基础。

三、我国高职教育国际化发展体系的构建

（一）加强对职业教育国际化的顶层设计

职业教育海外办学牵涉多方面的因素，如国家的相关法律法规、东道国的外事管理规定等，缺少政府的宏观指导和相应的政策支持，职业教育海外办学必将困难重重。教育部2016年颁布的《推进共建“一带一路”教育行动》明确指出：教育在共建“一带一路”过程中具有基础性和先导性作用。可见，我国政府支持职业教育海外办学项目和中国职业教育标准体系的推广工作。

随着“一带一路”倡议的持续推进，我国越来越多的企业选择开拓海外市场，走出国门开办工厂，作为具有基础性和先导性作用的教育行业，特别是为企业“走出去”服务的职业教育，急需我国政府相关部门进行政、校、行、企间的全面布局，建立制度保障体系，统筹协调相关机制，以期在政策和资金上给予海外办学的行业、企业、学校更多的支持，促使更多的企业、学校“走出去”。

（二）建立“产教联盟”

当前，政、校、行、企协同走出去的模式缺少成熟经验，各方主体和优势资源面临着统筹优化的问题，结合北京工业职业技术学院职业教育国际化探索的案例，有关研究者认为建立“产教联盟”既能顺应我国企业海外办厂的大趋势，又能促进职业教育倡导的产教深度融合，促使职业院校更多地了解企业的需求，以需求为导向进行教学设计，实现优势互补，从而为企业的人才培养提供更广阔的发展空间。

（三）加强师资队伍建设

教师是开展职业教育国际化的具体实施者，只有教师具备国际化视野、通晓国际语言，同时又熟悉中国的产品设备和技术，中国职业教育国际化的实践才能落地生根。有关研究者认为可从以下两方面入手加强师资队伍建设。

1. 加强院校间的交流合作

通过建立“职业院校联盟”加强院校间的交流合作。各院校应依托联盟内各学校的学科资源优势，互派教师进行学习交流，例如具备技术优势的工科类院校可与语言类院校合作，共同提高教师的国际化水平。

2. 重视优质人才引进工作

北京工业职业技术学院针对国内学生的语言问题，从西方国家引进了一批优秀的英语外教，外教在为学生教学之余，也为学校的教职工进行英语口语培

训，教师队伍的语言能力得到了显著提升。

另外，面对师资派出困难的问题，该学院一方面在新教师的入职合同中加入相应履责条款和激励措施，以保证师资队伍派出的有序和常态化发展；另一方面，又通过校企合作、校校合作的方式，为有意愿“走出去”而又没有相应渠道的企业教师、院校教师提供平台，保证了师资队伍的积极性。

（四）推广我国的职业教育标准

我国职业教育国际化的目的，除了为企业和东道国培养优质的技术技能人才外，也致力于将中国职业教育标准推广出去，打造中国职教品牌。既要充分了解东道国的国情、行业发展水平、职业教育发展水平和对人才培养的需求等多方面的现状；又要结合我国职业教育的专业特色、课程体系等，有针对性地将我国的职业教育标准与东道国进行有效对接。

（五）实现职业教育国际化可持续发展

建立健全保障体系是确保职业院校协同行业企业海外办学可持续化发展的关键因素。结合北京工业职业技术学院在赞比亚的试点项目来看，具体措施有以下几点。

第一，保证对设备、师资、技术等的持续投入。政、校、行、企等参与办学的主体，应积极协调各方资源，保证对设备、师资、技术等的持续投入，确保海外办学高质、有序地发展。

第二，完善各方办学质量监督体系。政、校、行、企应依据各方的职责、能力和需求，逐步构建起完善的办学质量监督体系。如组织国内和东道国教育主管部门的管理者、学校教学质量监控中心的教师、各行业协会的专家、企业代表等，组成专门的办学质量监管部门，定期进行审核，以保障人才培养质量和办学体系的优质化发展。

随着“一带一路”倡议的持续推进，越来越多的国内企业选择在海外投资办厂，在取得经济效益的同时，也面临着技能人才紧缺的问题，制约了企业的发展。我国企业在当地培养既懂汉语，又懂技术技能和经营管理的全链条人才，既能够有效解决企业面临的用工难题，又能将中国的职业教育标准和文化推广到海外。我国职业院校协同行业企业在海外办学，无论是对企业的长效发展、对东道国失业问题的解决和人口受教育水平的多元化提升，还是对院校自身的国际化水平提升、办学模式的拓展都大有裨益，有利于实现多方共赢。

（六）寻求国际化战略突破口

战略关乎成败。我国高职教育的培养目标、方式等与普通高校不同，国际化战略也不相同。高职院校要准确把握高职教育特征，展现专业技术优势和技术技能人才优势，面向“一带一路”沿线国家，深耕目标区域，培养熟悉异域风土人情、掌握不同法律规则、灵活运用国际规则的技术技能人才和服务海外中企的本土精英，发挥好对外开放办学窗口和桥梁的作用，形成国际合作亮点。

同时，不同层次、不同类型的高职院校也要把握好国际化时机，审视自身情况，准确定位，凝聚资源，寻找战略突破点，力求在质上出“品”，如职教品牌、标准品牌、平台品牌等，力求在质上出“人”，如国际化职教名师、国际化工匠人才。国家骨干、示范、优质高职院校要凭借自身资源、平台和科研优势，与大型跨国企业对接，在提供人才培养、科研创新与成果转化等服务的同时，根据大型企业的人才需求情况，对目标区域实行深耕，进行深入的国别研究，提供了解目标国国情和熟悉目标国本土文化的特需型技能人才，实现人才的出口；与目标国政府、教育组织、院校共建海外职教基地，打造中国职业教育品牌，输出职业教育专业标准，建成覆盖大部分行业领域、具有国际先进水平的中国职业教育标准体系。

对于底蕴稍差，难以与大型跨国企业达成合作的普通高职院校，则要将有限资源定向投放，把国际化目标放在走出去的中小型企业上。伴随“一带一路”倡议走出去的中小型企业是经济全球化的重要主体。中小型企业的国际化之路较大型企业来说，地域和市场的随机性都较强，其对具有全球视野和国际水平的技能型人才需求，并非像大型企业般通过订单式培养来获得，多通过招聘来满足。因此，普通高职院校要在走出去的中小企业的普遍性与各家企业的特殊性之间找到共通性，尽可能与区域内走出去的中小企业、同类院校组建国际化合作平台，培养普适性的符合国际化标准的人才，从而促进学生就业的国际化，开展国际职业教育服务，为走出去的中资企业提供海外员工培训等。

（七）多主体多方式协作互助

在国际化这条路上，高职教育要想走实走远，就要牵手政府、行业企业、同盟院校、境外组织甚至民间社会力量等多主体，通过政策支持、资金资助、合作共赢、共享发展等多种方式协作互助、互生共荣、共谋国际化发展。

第一，加强政校协助。江苏、浙江和山东三省的高职院校在国际化方面优势明显，这三个省既是职教大省，也是职教强省，这与省级政府重视职业教育密切相关。因此，从国家到省市各级政府都要协助推动高职教育的国际化，通过政策支持为高职院校走出去提供助力。

第二，与行业企业构筑命运共同体。大型跨国企业和国家骨干、示范、优质院校在走出去的过程中合作紧密，但还需进一步推进，形成利益共同体，走向命运共同体。

第三，建立高职院校校际联盟。从2019年高职教育质量年度报告可以看出，我国以国家骨干、示范、优质院校为代表的沿海发达地区高职院校在国际化道路上走在前列，无论是留学生的互学互访，还是海外共建高职院校、输出教学标准等都取得了较大成就。从这些院校个体的国际化来看，其已经达到了较高程度，在国际化过程中取得的经验和积累的成果给予了其龙头地位。因此，当以这些院校为代表，广泛成立区域性、行业性校际联盟，共享国际化经验，共同打造国内外行业、区域统一标准，把握职教标准的制定权。

第四，加强与境外相关组织的协作。高职院校要加深对“一带一路”沿线国家的了解，积极与沿线国家政府、企业、教育组织合作，将海外企业之需、目标国之需作为自身海外办学的供给起点，提升目标国政府和教育组织的受益度和信任度，多方共建国际合作平台，分享中国职教发展模式与经验，扩大我国高职教育的影响力。

此外，还要加强与民间社会组织的协作。随着各国鼓励性政策的出台，社会力量参与境外办学项目受到了各国的热捧。如2015年华商教育集团成立了“华商—澳洲国际学院”，这是第一家民间资本拓域海外的中国实体大学，锡华教育集团2019年也发布了自身的海外投资计划。高职院校可借助混合所有制模式，与社会力量携手出发，这既可以解决高职院校走出去过程中财政拨款有限的问题，也可为社会力量在海外投资办学提供介入渠道，实现共赢，共促国际化发展。

（八）加强区域联动发展

高职教育的国际化与自身区位有关。各高职院校要充分发掘自身的区位优势和比较优势，联合周边省份，加强区域联动发展，积极深度参与“一带一路”建设，在高职教育国际化方面持续发力。对处于沿边、沿海、沿江区域的高职院校来讲，充分利用其区位优势实现国际化并非难事，如广西利用面向东盟的独特区位优势，建立了中国—东盟边境职业教育联盟，输出职业教育标准。像云南、西藏、新疆、内蒙古、黑龙江等沿边境省份高职院校可依托区位有利条件，积极发挥窗口和桥梁作用，探索建设“国门高职”新模式。像大连这样沿海城市的高职院校，不仅要实现自身的国际化，还要联合东北区域各大高职院校，利用夏季达沃斯论坛等机制和平台，全面扩大对外人文交流，实现整个东北区域高职院校的国际化合作。像重庆这样沿江城市的高职院校，则要充分发挥长江经济带上游多式联运联通战略连接点的枢纽作用，增强在西部开发开放中的聚集辐射能力，依托“渝新欧”互联互通大通道、长江黄金水道和渝昆泛亚铁路大通道，携手长江沿岸、四川、云南等地的高职院校一起走出去，实现联动发展。对于完全处于内陆地区的高职院校而言并非无计可施，同样可以深度发掘自身区位优势。

此外，高职教育作为培养高素质技术技能人才的一种教育类型，与各地经济发展的联系最为紧密。高职院校的国际影响力与当地经济的国际化发展相辅相成。内陆高职院校可以利用区域的对外经贸合作通道和平台实现国际化。如陕西的高职院校可以利用其丰富的历史文化底蕴和科教资源，以及位于古丝绸之路起点的区位优势，加强与西部省区市的区域联动发展，推动区域对外开放。

（九）建立职教的国际化品牌体系

我国高职教育的国际化已从引进来发展到引进来与走出去相结合的阶段。高职院校走出去要走出特点、走出新意。教育走出去的本质是其所蕴含的文化基因的走出去。教育品牌作为文化基因的外显形式，需要多层次多角度的表达。“鲁班工坊”这个国家级品牌的建立，凝聚着中华民族优秀传统文化的底蕴，也蕴含着中国在革命、建设、改革的伟大实践过程中孕育的社会主义先进文化。这些优秀的中华文化伴随中国复兴的伟大进程和对外开放的步伐走向世界，被“一带一路”沿线国家所认可。同时，这些文化基因也烙印在走出去的每一所高职院校中，是中国高职教育国际化的特有标识。

从文化基因表达的视角看，这些文化基因只通过“鲁班工坊”一个国家级品牌来表达显得过于单调、不够丰满。不同地域的人文历史、文化特色、国际交流环境都各不相同、极具特点，是从不同侧面对中华文化的一种表达。从区域文化与高职教育结合中提取出的品牌在国际舞台上展示是对大中华文化基因的补充和丰富。

在我国高职教育国际化过程中，不同高职院校应从自身优势入手，结合不同行业领域、不同行政地域特色，将其凝练成品牌，使区域、院校的品牌与“鲁班工坊”形成众星拱月之形、星月交辉之势，从而更好地弘扬中华文化。

从品控管理的角度看，品牌生态理论认为，精心组建相互关联、相互促进的品牌群可创造可持续的竞争优势，品牌群整体生态系统的构建能够提升品牌生存力和影响力。“鲁班工坊”作为一个国家级品牌俨然已在“一带一路”沿线国家获得认可，但是单一的高光品牌会有“树大而不招风”之感。高职教育的进一步国际化需要凝聚更多共识，在品牌建设、品控管理方面做出更多努力，打造一个由行业领域、行政地域、院校联盟等各维度品牌组成的生态系统，以适应不同层次、不同地域的特殊需求；建立一个从国家到省市再到院校的同基因高职品牌体系，从而增强高职教育的国际生存力，扩大其国际影响力。

参考文献

[1] 丁金昌，梁耀相 . 高职教育人才培养理论研究与实践 [M]. 北京：国防工业出版社，2011.

[2] 徐和昆 . 高职教育特色院校建设的探索与实践 [M]. 杭州：浙江大学出版社，2015.

[3] 胡佳 . 高职教育教学督导制度研究与实践 [M]. 北京：北京理工大学出版社，2017.

[4] 杜宝贵 . 转型时期中国科技政策资源优化配置研究 [M]. 北京：清华大学出版社，2018.

[5] 丁文利 . 高职教育专业动态调整机制构建 [M]. 北京：中国纺织出版社，2018.

[6] 汪泳波，杨丽敏 . 高职生职业发展与就业指导 [M]. 长沙：湖南大学出版社，2018.

[7] 胡正明，何应林 . 优质高职院校建设理论与实践研究 [M]. 武汉：华中科技大学出版社，2019.

[8] 张艳杰，尚亚飞，堪丹 . 高职生的自我发展与社会适应 [M]. 北京：中国经济出版社，2020.

[9] 潘菊素，张军侠 . 高职院校分类培养多样成才的探索与实践 [M]. 杭州：浙江大学出版社，2020.

[10] 桂蟾 . 高等职业院校办学经费的现状、问题及对策 [J]. 当代教育论坛，2008（07）：53-56.

[11] 吴启运 . 高校人文社科类科研成果转化的对策 [J]. 教育探索，2008（02）：80-82.

[12] 赖洁玲 . 地方高职院校师资队伍建设中存在的问题与对策 [J]. 琼州学院学

报，2009，16（03）：62-64.
[13] 白玉刚 . 高职学生心理问题的成因及对策 [J]. 辽宁高职学报，2010，12（05）：99-101.
[14] 张晋鹤 . 微博在高职院校信息检索课教学中的运用探讨 [J]. 科技情报开发与经济，2011，21（17）：93-95.
[15] 刘斯漾 . 我国高职教育发展的历史回顾和国际经验借鉴 [J]. 成人教育，2014，34（01）：51-54.
[16] 王升，张博 . 论高职院校推行开放性教学的适切性 [J]. 中国职业技术教育，2016（13）：71-74.
[17] 曾建兰 . 新媒体环境背景下职业教育的探讨 [J]. 湖北经济学院学报（人文社会科学版），2016，13（04）：113-114.
[18] 张伟 . 论德国双元制教育模式对培养高技术技能人才的启示 [J]. 南阳理工学院学报，2016，8（05）：58-61.
[19] 郝天聪，石伟平 ."互联网 +"下的职业教育服务新态：内涵、目标与转向 [J]. 现代教育管理，2017（06）：81-85.
[20] 买琳燕 . 新加坡高职教育国际化发展：历程、举措与特征 [J]. 现代教育管理，2018（10）：94-99.
[21] 张慧颖 ."互联网 +"背景下高职国际贸易实务专业人才培养研究 [J]. 对外经贸，2018（09）：126-128.
[22] 赵静 . 对我国高等职业教育国际化问题的若干思考 [J]. 卫生职业教育，2018，36（18）：32-33.
[23] 彭琳琳，王书林 ."一带一路"背景下高等职业教育国际化发展研究 [J]. 潍坊工程职业学院学报，2019，32（02）：5-9.
[24] 莫玉婉 . 我国高职教育国际化的阶段特征、影响因素及改革举措 [J]. 职业技术教育，2019，40（04）：13-17.
[25] 李巍 . 高职院校智慧物流实训基地建设与实践 [J]. 物流工程与管理，2019，41（12）：196-197 + 191.
[26] 魏丽波 . 新时代高职院校师资队伍建设研究 [J]. 长春师范大学学报，2019，38（11）：136-138.
[27] 陈怀亮 . 新时期高职教育对象的特点分析 [J]. 科技风，2019（32）：86.
[28] 马宁，林伯海 . 改革开放以来高职院校实践育人的历史回顾与经验启示 [J]. 教育与职业，2020（11）：34-40.
[29] 杨立平，王鹏 ."双高"建设背景下高职学生国际化能力构建 [J]. 船舶职

业教育，2020，8（06）：77-80.
[30] 李和，龙丹．“互联网＋”背景下独立学院创新创业教育问题及对策研究 [J]. 科技视界，2020（09）：33-35.
[31] 田媞媞．新时代背景下提升高职院校教育信息化建设水平对策研究 [J]. 河南教育（高教），2020（11）：44-46.
[32] 陈远宏．基于协同创新的高职校企协同育人机制研究 [J]. 上海市经济管理干部学院学报，2020，18（06）：60-63.
[33] 申爱民，张轩．高职人才培养目标解析与重构探索 [J]. 当代职业教育，2020（06）：75-81.